人生最後の片づけ・整理を始める本

一般社団法人
日本遺品整理協会 理事
上東 丙唆祥
JOTO HISAYOSHI

メディアパル

はじめに

長生きするために片づけよう

人生１００年の時代になり、巷《ちまた》には長生きメソッドがあふれています。朝早く起きて散歩や体操をしたり、栄養に気をつけたりするのは、とてもいいことです。１日でも長く、健康でいたいと願うのは、当然ですし、そうありたいものです。

でも、家はものであふれていませんか？　いずれ使うかもしれないと、不要な衣類や寝具をため込んでいませんか？

ものであふれた家にいると、いくら健康に気をつけていても長生きはできません。ホコリまみれで足の踏み場のない部屋は、リスクだらけです。

そのままにしていたら体は衰え、片づける気力を失ってしまいます。

そして、あなたが部屋を片づけないまま命を落としたら、残された家族

はたいへん困ります。あなたが大切にしているものも、家族は「処分しづらいが、自分には必要ない」と、うしろめたさを感じながら捨ててしまうでしょう。遺品整理が仕事の私は、こうした事例を山ほど目にしてきました。残された家族のグチを何度も聞きました。

残念ながら、1年後のあなたの健康は、だれにも保証できません。「いつかやる」のではなく「いますぐやる」必要があるのです。部屋がスッキリ片づけば、寿命を伸ばすことができます。1日10分だけ、運動がてら部屋を片づければ、家族は大いに喜んでくれます。

本書は、自分のため、家族のために、「人生最後の片づけ・整理」の方法を紹介します。私の片づけメソッドには、第二、第三の人生を楽しむコツも含まれています。ぜひ実践して、1日でも長く、健康でありつづけていただきたいと思います。

一般社団法人　日本遺品整理協会理事　上東　丙唆祥

プロローグ

上東流！片づけ・整理の順番

ものが多く、散らかっていて、どこから手をつければよいかわからないという人のために、生前整理・遺品整理のプロが、片づけ・整理の順番を提案します。

1 片づける道具を用意する

最低限マスクがあれば、ホコリを吸い込んだときの体へのダメージを減らせます。38pを参照して、道具を用意しましょう。

2 玄関・廊下・階段・郵便受け

まずは動線を確保します。通路にものがあると、地震などのときに避難が遅れるため、最優先で片づけをしましょう。また、玄関は家の奥を整理した際に処分するものを一時的に置く場所にもなります。

3 寝室

１日で片づけが終わることはないと思います。作業に疲れると、翌日にモチベーションが下がっているかもしれません。整理された寝室で目覚めれば、やる気が継続できます。

4 テーブルの上

「とりあえず」で置かれたものが多いはずです。その習慣は片づけの妨げになるので、寝室の次はよく使うテーブルを片づけましょう。

5 リビング

次はリビングです。テレビ回りには古くなった機器やコードが放置されがちです。リビングを片づけてしまえば、ものを捨てることに慣れるので、ほかの場所の片づけもスムーズになります。

6 トイレ・洗面所・浴室

本格的に片づけを始めると疲れがたまります。お風呂でリラックスできるように、浴室やトイレをきれいにしましょう。

7 キッチン

キッチンには処分するものが大量にあり、水回りの掃除も必要です。順番は食器棚→レンジ台→冷蔵庫→キッチンの引き出し、下の棚→シンク回り→踏み台を使って棚の上がおすすめです。

8 押し入れ・クローゼット・棚

生活空間の片づけが終わったら中の見えない押し入れやクローゼットを片づけます。焦らずにひとつずつ片づけていきましょう。

9 屋外

押し入れも整理されたので、家の中に人を呼べる状態になったと思います。次は、家の外を片づけましょう。

10 納戸・旧子ども部屋・物置部屋

ここまでくれば、ものの要・不要の判断ができるようになったと思います。使われていなかった部屋をまるごとスッキリさせましょう。

では、片づけ・整理を始めましょう

もくじ

パート2
今日から実践! 人生最後の片づけ・整理

パート3

人生が楽しくなる！片づけ・整理後の暮らし方

パート1

片づけ・整理をする前に考える9つのポイント

ポイント1

家・部屋の間取りをあらためて確認する

動線を確保して事故を防ぐ

自分の家のことは自分がいちばんわかっていると考えている人は多いでしょう。しかし、長いあいだ過ごした自分の家や、ものがたくさんある部屋のもともとの間取りを、あなたは本当に覚えているでしょうか。

まず、最初の10分で家の中を見回してみましょう。かつて使っていた子ども部屋や寝室、応接室などが、現在は「開かずの間」や「物置部屋」になっていませんか？

私は遺品整理や生前整理でこれまでに4万軒の家を片づけてきました。片づけが終わったあと、すべての依頼者が口をそろえて言うことは、「こんなに広かったのですね」という言葉です。そして、清々《すがすが》しい顔で「思い出しました」と答えるのです。

ものがあふれている家の中は、とても狭くなります。歩くときに床を気にしていませんか？　室内をすり足で歩いているのなら、ものにつまずいたり足をぶつけたりしないよう、あなたの視線は無意識に下へ向かっているはずです。

65歳以上の事故の約77％は、住宅内で発生しています。

住宅内の事故発生場所は、①居室、②階段、③台所・食堂の順で、転倒や転落事故が多いとされています。

床を見ながら移動していると、ケガをするリスクが高まります。床を片づけ、前を向いて普通に歩けるような動線を確保しましょう。

65歳以上の事故発生場所

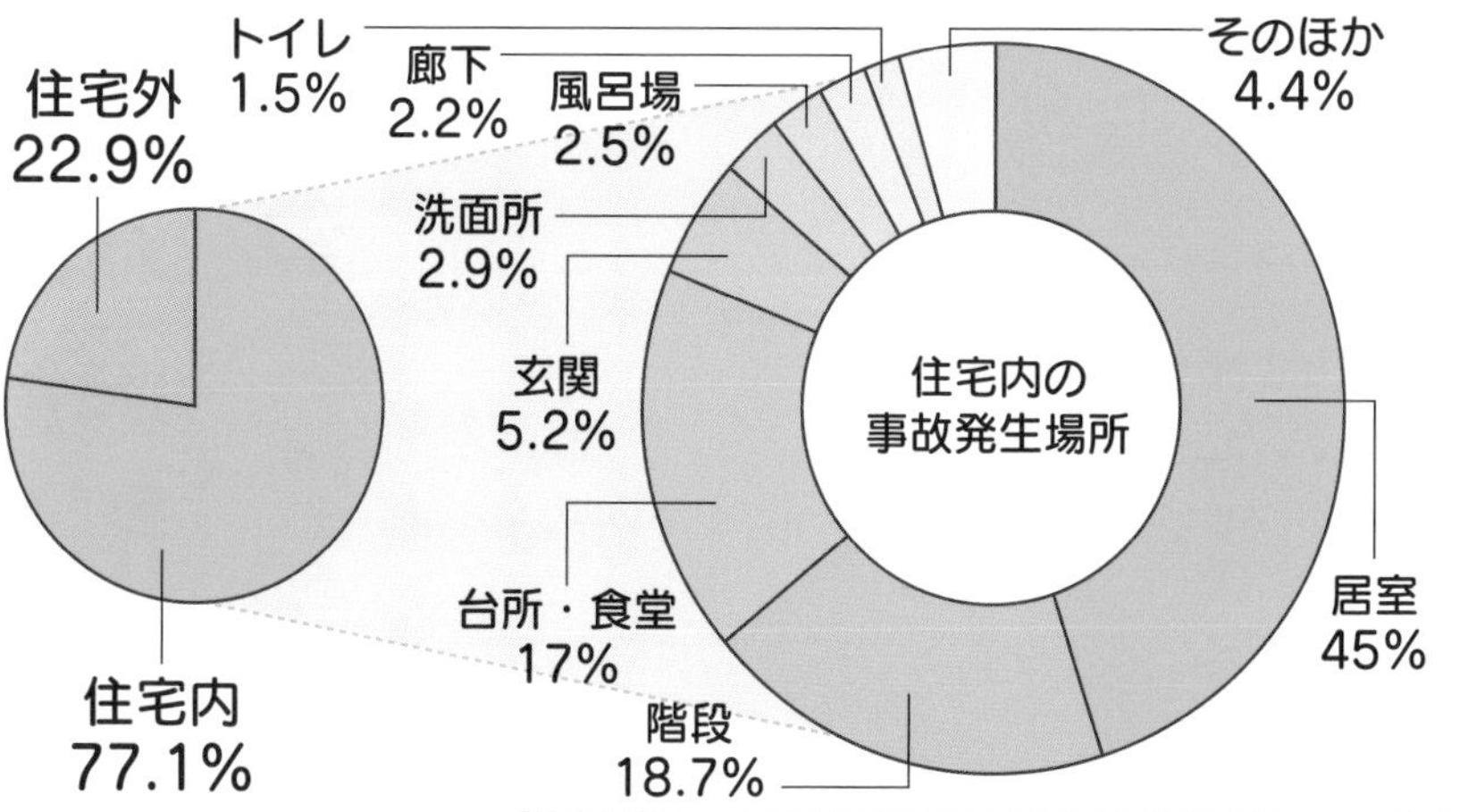
住宅外
22.9%
住宅内
77.1%
トイレ
1.5%
廊下
2.2%
風呂場
2.5%
洗面所
2.9%
玄関
5.2%
台所・食堂
17%
階段
18.7%
居室
45%
そのほか
4.4%
住宅内の
事故発生場所

「健康長寿ネット」（公益財団法人長寿科学振興財団）をもとに作成

ポイント❷

1日のうち生活時間の長い部屋を知る

行動パターンから空間のムダがわかる

家の中のあなたの定位置や、いちばん長く過ごしている場所はどこでしょうか。一口に「家にいる」といっても、その実態はさまざまです。

家事で忙しくしていると家中を移動しているかもしれませんが、いちど朝起きてから夜寝るまでのあいだの行動をたどってみましょう。キッチンに行ってお茶をいれる、リビングでテレビを視聴する、洗濯や草花の手入れのためにベランダや庭先にいる、あるいは、洗面所とキッチンをよく行き来するといった、あなたならではの居場所や行動パターンが明確になるはずです。

何度もトイレを利用しているなら糖尿病の疑いも考えられます。部屋にいる時間が長いのであれば、運動不足の可能性もあります。このように、日々の生活パターンから生活習慣病のきざしを見つけることができます。

そして、1日のなかでいちども立ち入らない、あるいは長く使っていない場所はありませんか？　こうした空間のムダも見つかります。

持ち家であろうが賃貸であろうが、使わない部屋は宝の持ち腐れであり、余計なお金を払い続けていることになります。家賃20万円の3ＬＤＫのマンションに住み、そのうちの一部屋が物置部屋なら、あなたはムダな空間に毎月5万円も払っていることになるのです。

使っていない物置部屋にも家賃を払っています

ポイント③

長寿を目指すなら室内環境を整える

食事よりも空気のほうが健康には大切

健康を保って長生きする秘訣《ひけつ》を聞かれたら、多くの人が食事だと答えるでしょう。テレビをつければさまざまな番組で体によいとされる食材や食品の紹介をしていて、放送後にはあっという間に売り切れてしまうことも、めずらしくありません。

健康長寿のために食事が重要であることは間違いないのですが、近年の研究では、それよりも大切な要因があると明らかにされています。

食事よりも大切な要因とは、室内の空気です。私たちが1日で体内に取り込んでいる物質のうち、食事が占めているのはわずか7％です。飲みものの8％を加えても、飲食の割合はたった15％です。**残りの半数以上を占めているのは室内の空気なのです。**

整理整頓がされてない部屋で、「ホコリもないし、カビも生えていない」という状況はありえません。

一方、「散らかっているけれど掃除はしている」場合でも、ものの表面に付着したホコリやゴミ、カビの胞子などを完全に取りきることはできません。

室内の空気をきれいにする方法はひとつです。それは「部屋のものをなくす」ことなのです。ものが減れば、ホコリは減っていきます。

そして、ものであふれていない部屋ならば、掃除は苦にならず習慣化できます。その結果、部屋の空気がきれいに保たれるのです。

人体が1日に摂取する物質の内訳

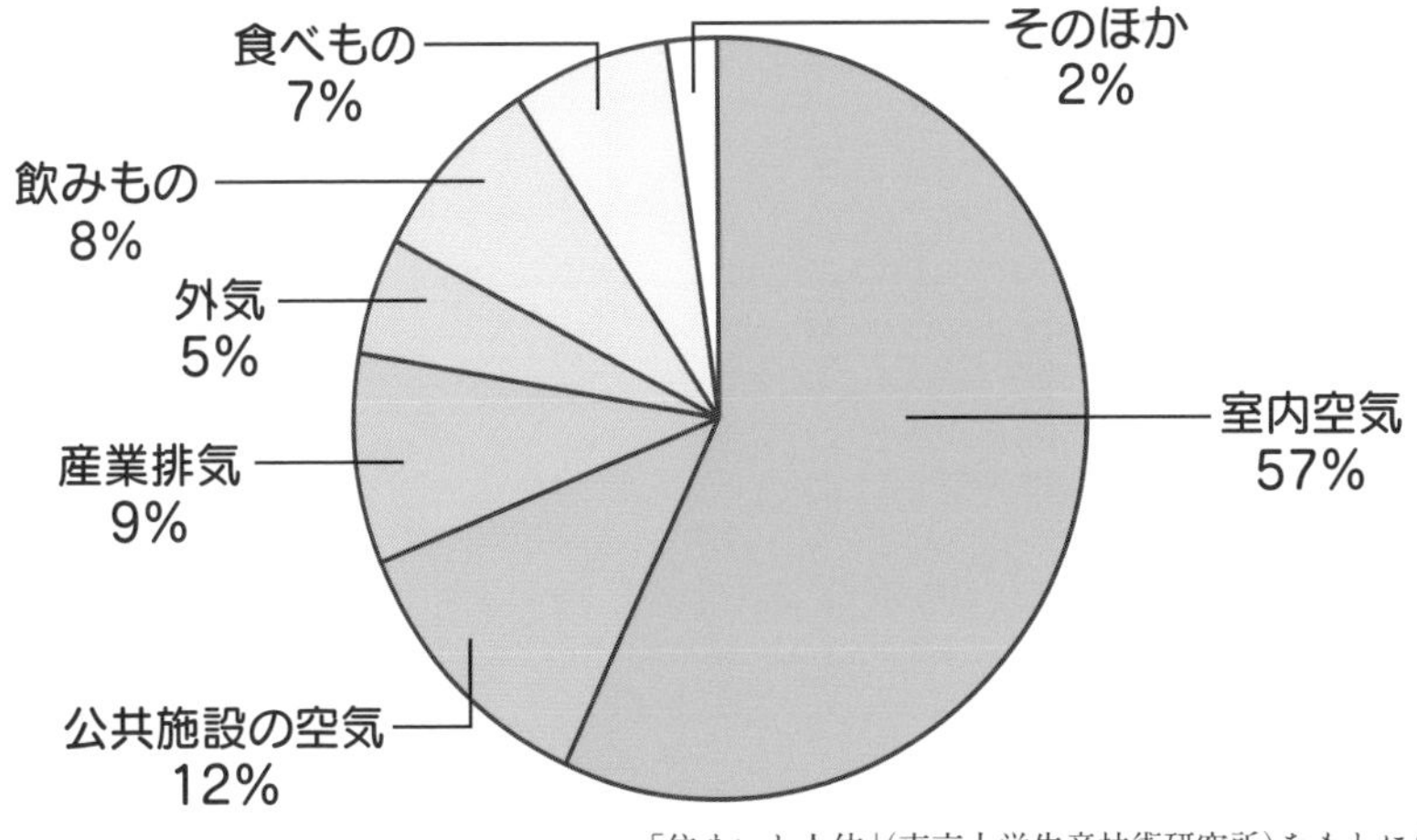
食べもの
7%
そのほか
2%
飲みもの
8%
外気
5%
室内空気
57%
産業排気
9%
公共施設の空気
12%

「住まいと人体」(東京大学生産技術研究所)をもとに作成

ポイント4

ホコリで命を落とす時代になった

ハウスダストは知らぬあいだに忍び寄る

かつては「ホコリで人は死なない」といわれました。ところが、現在の住宅はホコリがたまりやすく、吸い込んだことで体調を崩し、死に近づくこともあるようです。

昔の日本家屋はすきま風が入り、空気の入れ換えが自然にできていたこともホコリがたまりにくい理由のひとつでした。しかし、気密性の高い現在の住宅では、汚れた空気がなかなか外へ出ていきません。そのため、ホコリのなかでも1ミリ以下のハウスダストと呼ばれる小さなホコリが増えています。

目にとまりやすい大きなホコリとは異なり、肉眼で見えづらいハウスダストは、小さくて軽いために空気中に舞い上がりやすくなります。

私たちは食べものよりも空気をもっとも体に取り入れているので、アレルギーやぜんそく、肺炎などを引き起こすハウスダスト対策をきちんとしなければなりません。空気清浄機を閉めきった部屋で使っても、ホコリやハウスダストはなくなりません。意識的に換気をしましょう。

なお、殺虫剤などのスプレー式の化学製品を使うと、噴射後に落ちているホコリにさまざまな化学物質がくっつき、毒性のあるホコリが部屋を舞うことになってしまいます。

部屋にたまっている汚いホコリを吸い込むことを想像してみてください。いますぐ片づけを始めたくなると思います。

ハウスダストに含まれるもの

・花粉	・フケ
・細菌	・アカ
・排気ガスの粒子	・カビ
・ダニ	・食べカス
・ダニのフン	・虫

ポイント
⑤

探しもので時間を浪費している

1年のうち19日間もムダ働きをしている

家の中が整理整頓されていない人には、だれもが納得する特徴があります。それは、「いつでも探しものをしている」ということです。

生まれてきて物心がついてから死ぬまでに、人は何にどれぐらいの時間をムダにしているかという研究報告があります。それによると、**私たちは探しものをするためだけに、平均で1年に１４５時間もの時間を浪費しているというのです。**1日8時間を勤務時間として換算すると、なんと1年で19日間もムダ働きをしているわけです。あくまでも平均値なので、家の中がものだらけの人は、さらに多くの時間を費やしていることになります。

行方不明のハンコを探したり、孫が来たときにおもちゃを探したりしていませんか？この時間は人生のムダそのものです！

私たちの命には限られた時間しかありません。探しものが日常化すると、あなたの人生の時間はどんどん削られて、楽しめる時間が少なくなるという恐ろしい現実が待っているのです。

また、探しものをして待ち合わせに遅刻すれば、相手の時間もムダになります。仕事や人との出会いなど、さまざまなチャンスを逃すことにもつながります。

家の片づけ・整理はこれから先の人生にも大きくかかわってきます。ものを探す時間が短くなるよう、整理整頓をしましょう。

探しものをしている時間がもったいないとは思いませんか？

ポイント⑥

片づけをしなければ100万円損する

あなただけが自分の部屋を片づけ・整理できる

あなたの死後には、遺品整理が行なわれます。家の中のものを処分して、空っぽにする作業です。引っ越しと同じぐらいの難易度だと考えている人もいると思います。しかし、片づけ・整理がされていない部屋の場合、**専門業者ですら作業に3日~7日かかり、業者に支払う金額はおよそ100万円にのぼります。**信じられないというあなたのために、内訳を表にしました。遺品整理に不慣れな遺族がするとしたら、もっと時間と労力をかけることになるでしょう。

さらに、孤独死をした場合は、遺品整理だけでなく、部屋の消毒や消臭などのあと始末をする必要があります。家が事故物件となり、遺族は精神的にも経済的にも大きな負担を強いられます。困惑する家族を、私はたくさんみてきました。

あなたの部屋を納得のいく形で整理できるのは、あなただけです。死後の遺品整理のためだけではなく、今日を生きる自分のために片づけが必要です。

私が出会った高齢者の中で本当に元気だと感じる人は「人にものを与えられる人」「毎日しっかりした生活習慣がある人」「みずからの意思で行動できる人」でした。そういった人は「部屋が整理整頓されている」という共通点があります。

老後を元気に楽しむなら、まず、自分で片づけを始めましょう。

遺品整理費用の例（一軒家）

作業内容	金額
家の外の片づけ（庭・ベランダ・物置小屋など）	250,000円
室内の片づけ	700,000円
エアコンの取り外し、処分	50,000円
家電リサイクル品の処分（冷蔵庫・テレビなど）	20,000円
合計	1,020,000円

権利書やアルバムなどの探しものがあると、さらに値段は上がってしまいます

ポイント7

開けていない箱の中身はすべて捨てられる

箱にしまい込んだものは、この先も必要ない

使わないものをとっておく人には「ぐうたらタイプ」「しまい込みタイプ」がいます。買ったまま放置するのは少しの手間をおしむ「ぐうたらタイプ」といえます。

一方、何年も開けていない箱や段ボールがある人は「しまい込みタイプ」です。「しまい込みタイプ」の特徴にあと回しにするクセが加わると、箱や段ボールを何年も置きっぱなしにしたり、押し入れの奥深くに入れたりします。片づけの習慣は身についているのかもしれませんが、やはり箱や段ボールを開けるのは、あと回しになります。いちど勇気をもって開けてみましょう。おそらく、中身はこの先も必要ないと思います。

思い出のものがあるなら、いくつか選んだあとに処分すると決めれば、スムーズに進

みます。大事なものや使っているものだけを厳選すれば、身の回りはスッキリするでしょう。

家の権利書や貯金、思い出の写真や手紙などは大切に残していると思います。私は25年以上にわたり4万軒の家の遺品整理をしてきましたが、亡くなった人がそれらを取りに帰ってきた例はありません。

残された家族がとっておきたい思い出の品々や、よほどの骨とう品・絵画を除き、**ものの市場価値は時間とともに下がっていくだけです。**部屋にあるもので、あなたの死後に必要なものなど何ひとつないといえるのです。

箱にふたをしてしまい込むと、ゴミになります。
ふたを閉じずに箱を使って整理しましょう

ポイント8

「自動運転式」な生活になっていないか

生活を自動化すると退屈になる

年齢を重ねていくと失敗や試行錯誤を経て、自分なりの価値観に基づいて生活していくようになるものです。それ自体は悪くありませんが、70歳前後になったら部屋の片づけをきっかけに、ライフスタイルを見直していきましょう。

歳をとって安心感を求めるのは当然のことですが、あらゆるシーンでラクをしようとすれば脳への刺激が不足し、精神的にも退化していきます。

雑然とした部屋でも気にならなければ、ロボットと変わらない毎日が待っています。そのような日常が習慣化・固定化されると、自分で考えることを放棄して、刺激も感動もない日々を送りながら人生を終えるだけになります。これが「自動運転式」です。

部屋がスッキリしている人は、自分（の部屋）に必要なものが何かをきちんと判断しています。部屋が散らかったままというのは、思考を止めてしまった結果です。

退屈な人生を選びたくなければ、生活習慣を変えて、ライフスタイルのアップデートをしましょう。

「自動運転式」な生活とは、たんに文明の利器に頼った生活のことを言っているわけではなく、歯ミガキ・洗顔や入浴といった日常生活に必要な習慣を除いた毎日の過ごし方のことです。**1日の行動を書き出してみると明確になるでしょう。**1日に何をどのくらいの時間行なっているのかがわかれば、生活習慣を改善しやすくなります。

雑然とした部屋に慣れると
毎日が退屈になっていきます

片づけることこそが、日常に感動
をつくるはじめの一歩です

ポイント 9

介護ベッドを置ける余裕をつくっておく

体が動くうちに片づける

家の中や室内を見回してみましょう。もしいま、介護ベッドを置く必要に迫られたら、ベッドを入れることはできますか？

「片づければ入ります」と答える人には、さらにお聞きしたいのですが、玄関から部屋までとベッドを入れる部屋の片づけは、いったいだれがするのでしょうか。仮に遠くにいる子どもや孫を呼びよせるとします。そのとき家の中は、ベッドから起き上がってトイレや洗面所などに、杖を突きながら移動できる状態でしょうか。

本書を手にしているあなたは、若いころほどではなくても足腰がまだまだしっかりしているはずです。ただ、どんなに元気な人でも歳をとれば体力はやがて落ちます。気づいたら、健康上の問題に悩まされているかもしれません。

一般に、70歳を超えるとお金や時間に余裕があったとしても遠出はしにくくなり、家で過ごす時間が増えていきます。

現在は家よりも病院で亡くなる人のほうが圧倒的に多い時代ですが、今後は逆転すると考えられています。高齢者が増え、病床数が足りなくなるからです。

70代までなら体は動くでしょう。ところが80代になるともう片づけられず、自宅に介護ベッドを置けなくなります。

だからこそ、いまのうちに部屋をスッキリと片づけておいてほしいのです。

ものを片づけると、大きな介護ベッドが置けるようになります

片づけと整理はどう違う？

散らかっている状態を整えていくときに「整理」「整頓」「片づけ」という言葉を使いますが、この3つにはほんの少し違いがあります。

整理とは、秩序正しく整える、不要なものを取り除くことです。これには、捨てる、売る、だれかにあげる（寄付する）といった行動が当てはまります。

整頓とは、正しい位置にきちんと置く、つまり、所定の位置に戻すということです。ひきだしやタンス、棚などにしまう・収納することを意味します。

片づけとは、散らかっている場所を整えて不要なものを取り除く、おさめるべき場所におさめる＝もとの位置に戻すという意味です。整理と整頓の両方の意味を含んでいる言葉なのです。

パート2

今日から実践！人生最後の片づけ・整理

極意

小分けに片づければ大掃除は必要ない

数年かけて散らかった部屋を少しずつ片づける

部屋が散らかっている人は基本的に怠け者です。そのなかには、一気に片づけようとする人もいます。そして、そんな考えがずるずると続きます。最初は「明日片づけよう、こんど片づけよう」と考え、そのうち「どうやって片づけよう、どこから手をつけよう、あぁ片づけたいな」と思考が変化していきます。しまいには、片づけは苦手だと結論づけて、いつまでも散らかった部屋に住み続けます。

そもそも、部屋が散らかっていく過程は、たいていは一気に散らかったわけではなく、日々の積み重ねが数年かけて現在の状況をつくっています。

ならば、**片づけもいちどに終わらせようなどと考えず**、少しずつ過去にさかのぼるように片づけていきましょう。

ここで、片づけ・整理の極意をふたつお伝えします。それは、**①片づけ作業を小分けにすること**。そして**②ひとつの動作のたびに片づける習慣をつけること**です。そうすると、一つひとつの片づけの負担は軽くなります。片づけを続ける方法はこれがいちばんです。

片づけをすると達成感を味わうことができます。毎日続けていれば、あなたに自信や喜びが生まれるでしょう。

「毎日は無理だよ」と思った人、安心してください。この本で紹介するノウハウは、1日10分でできるようにまとめました。いちどに片づける必要はもうありません。

あと回しにする人の考え方

食事が終わったら片づけしよう

↓

食後のお茶を飲んだら片づけしよう

↓

この番組が終わったら片づけしよう

↓

お風呂から出たら片づけしよう

調理をしたら食事の前に調理用具だけ洗えば、食後の食器洗いの手間が減ります

いま片づけをしないと恥をかく

考え方は実にシンプルで簡単です。あなたが、習慣化できない原因はふたつ。ひとつめは、あなたが片づけや整理をしなくても命の危機に直面しないと思っていること。もうひとつは、部屋の片づけしなくても恥をかくことはなく、プライドも傷つけられないと思っていることです。

歯を磨かなければ虫歯になり、痛いですよね。だから歯磨きを毎日すると思います。この薬を毎日飲まなければ死んでしまうと言われれば、毎日欠かさず飲むはずです。あなたは、毎日服を着て、外出時には必ず靴をはきます。毎日使うものは、だいたい同じ場所にあり、いつでも使えるように手入れをしていませんか。その習慣をスキルアップさせると、帰宅したときに靴をそろえて置くようになり、あわてていてもすぐ外に出ることができるのです。**片づける、整理する、整頓する習慣を身につけると、時間の節約にもつながります。**

キッチンを例に挙げましょう。怠け者の人は調理をすると調理用具を洗わずほったらかしたままで食事をし、食後に片づけようと考えます。お茶を飲んでひと休みして「このテレビ番組が終わってＣＭになったら片づけよう」「入浴前にすませよう」「寝る前に終わらせよう」とどんどんあと回しになっていくのです。あと回しにするクセは、キッチンだけでなくリビングや自室などに移行していき、さまざまなものがその場に置きっぱなしになり、散らかります。

調理した用具類などの片づけは10分もかからず、3分ぐらいで終わります。調理→食事→あと片づけという流れを、調理→調理用具などの片づけ→食事→食器類の片づけのように変えましょう。

一気にとりかかるよりもはるかに楽で、「片づけなければ」というプレッシャーも軽くなります。小分けにして少しずつとりかかるほうが、いつも快適で結果的に散らかりにくい部屋になります。

また、いま部屋を片づけないと、元気でなくなったときに情けない思いをして、プライドを踏みにじられます。ゴミ屋敷に住む要介護者になってもいいのでしょうか？　あなたの死後、遺族が苦労してあなたの部屋を片づけます。それでいいのでしょうか？

そう考えると、あまり時間はありません。次のページでは片づけに使う道具を紹介します。

片づけ・整理で用意したい道具

マスク

ホコリを吸い込まないために必ずつけましょう。マスクには正しい向きがあると思いますが、あえて裏返して使うと、耳にかけるゴムのつけ根も裏返り、より肌に密着します。

ガムテープ

本や雑誌を捨てるなら、紐でなくガムテープでまとめましょう。ビニール紐だと長さを考える、切る、結ぶという一連の動作に時間がかかり、形を整えるのもめんどうです。ちなみに、クラフトテープや紙テープは切れやすいので、使い勝手がよくありません。

タオル・雑巾

タオルを頭に巻きましょう。ケガの防止、ホコリ避け、ケガをした際の応急処置などに使えます。雑巾がけをすると、作業に区切りがつき達成感が生まれます。

point

雑巾の代わりに掃除機を使うのも問題ありませんが、1階から2階に移動させる手間や、コンセントを探す手間もあるので、「雑巾だけ使う」と決めることをおすすめします。

軍手・ライトグリップ

木のたんすや棚を片づける際に、ささくれから手を守ります。また、手の脂分を保護してくれるのでとても便利です。

point

軍手を選ぶポイントは、滑り止めがついているもの。細かいものや紙などを扱ううえでとても便利です。

ハサミ・カッター

ハサミは大きいものを用意しましょう。大きいハサミは「てこの原理」により、小さい力でものが切れます。また、いちどに切れる長さも変わるので、時短につながります。カッターも、細く小さな刃より、がっしりして太いものがおすすめです。

point

細い刃は折れやすく危ないので気をつけましょう。カッターの切れ味が悪くなったと感じたら、すぐ刃を交換しましょう。

30L または 45L のゴミ袋

30L未満のゴミ袋は小さすぎて扱いにくくなります。また、45Lを超えるゴミ袋はたくさん入って便利ですが、パンパンにつめ込むと、持ち運ぶのが困難になります。玄関などに仮置きをするにしても、場所を取るので片づけには不向きです。

point

45Lのゴミ袋を選ぶときは0. 03ミリくらいの厚みのあるものを選ぶといいでしょう。ゴミを入れても破けにくく、便利です。

片づけが終わったら

片づいたら、テーブルクロスを買ってこようと考えるかもしれません。そこはグッと我慢！　衝動買いをすると、また散らかった部屋に戻る可能性があります。「人生最後」の片づけになるように、買い物をするときは時間をかけて吟味してみてください。

片づけが進んでいくと、ものが入る箱、台拭きになる生地、新たな収納スペースが見つかると思います。見つかったものを活用する方法を考えてみましょう。不便さもあるかもしれませんが、工夫して整理整頓する楽しさを感じられると思います

身の回り

かばんや財布を整理すれば部屋が片づく

身近な片づけ・整理が次へとつながる

長年の経験から確実に言えることがあります。いわゆる「ゴミ屋敷」に住む人は、財布やカバンの中身もグチャグチャになっています。長財布でもふたつ折り財布でも、レシートや領収書、ポイントカードやクレジットカードなどがひしめき、パンパンになっている人は、片づけが進みません。

部屋の片づけと、かばんや財布の状態は一見関係ないように思えるかもしれません。しかし、もっとも身近な持ちものが整理されると、あなたの心には変化が生じます。部屋の状態に意識が向くようになるのです。部屋をいちどに片づけようと気負うと、最初の一歩が踏み出せません。それなら、まずは気楽に、かばんや財布の中身を整えることから始めてみましょう。片づけ・整理の第一歩は、持ちものからなのです。

かばんや財布は劣化するとカビがはえたり、ボロボロにはがれてきて使えなくなります。ブランドものでもここまでくればゴミ当然。たくさん持っていると、相当なスペースがふさがれますので、お気に入りのものに絞り込んで持つようにしましょう。

財布の中身の整理には10分もかかりません。1年以内に使ったかどうかを基準にポイントカードやレシートを処分しましょう。1年間使わないものは今後も使いません。「いつか使うかもしれない」を切り捨てることは、片づけ・整理にも役立ちます。

この片づけ・整理が終わったらチェック⬇□

かばん・財布を整理するとどうなる？

かばんの整理　｜　財布の整理

⬇

心に変化

⬇

部屋に意識が向く

⬇

片づけの最初の一歩を踏み出せる

お気に入りのものだけを持つようにしましょう

玄関 ①

玄関はあなたの家の非常口

防災・防犯上、余計なものを置かない

玄関はその家を表わす出入口で、見ばえはとても大事です。そして、災害があったときの非常口を兼ねていることを絶対に忘れないでください。玄関はつねにものがないスッキリした状態であるほうがいいのです。

住人の何倍もの数の靴が並ぶ玄関はよくありません。ふだんはく靴はだいたい決まっているはずです。それ以外の、はく頻度の低い靴や季節ものの靴は、出しっぱなしにせず、下駄箱にしまいましょう。

災害時に外から助けが入ったとき、どんな人が何人いるのかを確認するために靴を見ることもあります。命を守るためにも玄関はきれいに整頓しておきましょう。

また、非常口に燃えやすい**雑誌、新聞紙、ぬいぐるみ**があれば避難のさまたげになります。衛生面でいえば、ホコリもたまっていきます。

定期購入している水、通信販売の箱類も場所をとるので玄関に置きっぱなしにせず、片づけましょう。その代わりに**防災グッズ**を置くと安心です。

防犯面からみても、玄関は整理したほうがいいです。**家族写真**が置いてあれば、どんな人が住み、だれとつながりがあるかがわかってしまいます。悪どいセールスや詐欺、強盗のリスクを減らすためにも、玄関を片づけましょう。

この片づけ・整理が終わったらチェック⬇
□

足場にものが多いと、転倒するリスクも上がります

玄関②

下駄箱の中も取捨選択を

劣化した靴や使わない草履類は手放す

玄関のものを片づけたら、次は下駄箱の中を片づけましょう。

部屋が散らかっている人は玄関に飾りものや置物があり、傘をたくさんストックしている傾向があります。この時点で、下駄箱の中も想像がつきます。**壊れた靴、何年もはいていない下駄や草履、カビだらけの革靴**があったりします。

まずは不要な靴の処分から。靴べらを使う靴にしても、**長い靴べらが必要なのか、来客用の靴べらを置く場所はそこでいいのか**など、きちんと考える必要があります。

外に出ている靴でも、長くはいてないものは捨てても困りません。そもそも玄関に靴が出しっぱなしになるのは、下駄箱に入らないからです。

私の家には下駄箱がなく、靴はひとりにつき2足しかありません。女性の場合はとくに、用途やコーディネートによって靴を使い分けていると思うので、ここまで減らす必要はありませんが、しまい込むのはNG。こまめに手入れをしないとカビがはえますし、時間が経てばインソールがボロボロになったり、かかとが崩れてきたりします。劣化した靴は、潔く手放しましょう。

下駄箱に草履類をしまっている人に質問です。そもそも、足袋や着物を持っていますか？　着物を着る機会がないのなら、草履類も処分しましょう。出してゴミ袋に入れるだけなら、10分もかかりません。

この片づけ・整理が終わったらチェック⬇□

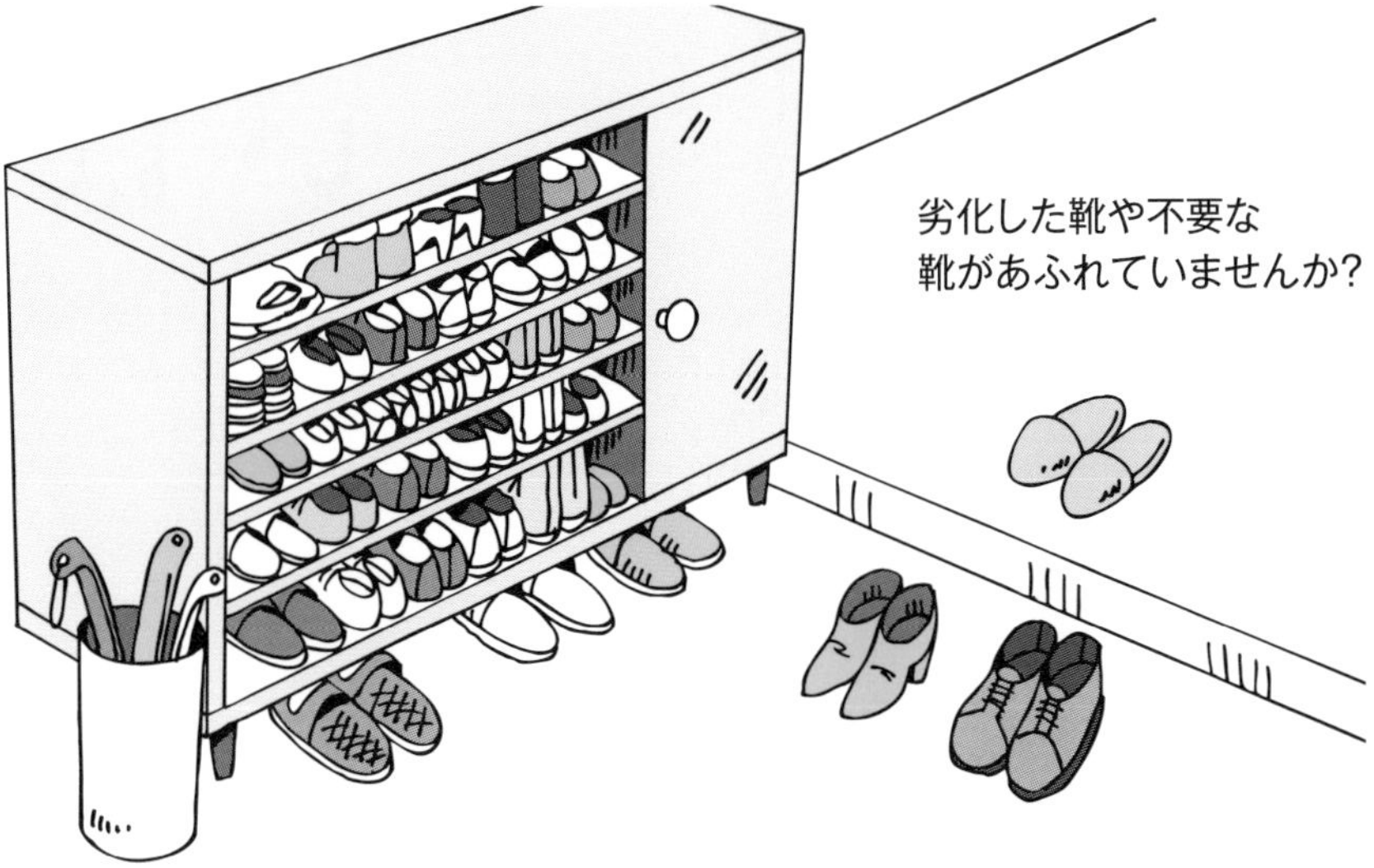

劣化した靴や不要な
靴があふれていませんか？

玄関 ③

ビニール傘はもう買わない

かさばらない雨がっぱは足もとも安全

傘はよく使うお気に入りのものだけ残し、そうでない傘はすみやかに処分しましょう。私自身は折りたたみの傘を1本、ふつうの傘1本で足りますが、おしゃれな人は季節や洋服に合わせて傘を変えたいこともあるでしょう。少し余分に持っていてもかまいませんが、それでも5本はいりません。

ビニール傘を使うなら**3本でじゅうぶん**です。私の経験上、高齢者が住む家で傘が10本以上、靴が15足以上ある場合、認知症の可能性を疑います。

とはいえ、外出先で突然の雨に降られたときに間に合わせのビニール傘を買って、どんどん増えてしまったという人もいるでしょう。

そんなときは傘ではなく、**雨ガッパを買うことをおすすめします。**折りたたみ傘より軽くて、かさばることもありません。体もラクです。

障がいをかかえた人や足もとが不安な高齢者は、傘を持ちながら杖をついたりすると危険です。雨がっぱなら両手が自由に使えて安全です。

また、雨ガッパは災害時の防寒着になり、庭仕事でも使えます。さらに白髪染めの汚れを防ぐために活用でき、用途はとても広く、保管スペースをとりません。おしゃれなポンチョ型もあるので検討してはいかがでしょう。

この片づけ・整理が終わったらチェック⬇
□

雨がっぱを使えば、安全に歩けます

玄関
4

来客用スリッパは必要か？

使うならこまめに手入れをする

どこのご家庭にも、一定数のスリッパがあるかと思いますが、家の中でふだんからスリッパをはいていない人もいるはずです。

家でスリッパをはかないのに押し入れや下駄箱の奥にスリッパをしまっている、ホテルのアメニティグッズのスリッパを持ち帰るという人もいることでしょう。しかし、しまい込んでいるスリッパはおそらく使いません。すべて捨ててしまっても困りません。

「寒いときにはスリッパが必要」という人もいますが、スリッパをはいて家の中でつまづくよりは、上履きで代用したほうがいいでしょう。

また、古いスリッパは足裏の汗の影響で、カビが生えやすくなります。だれも使いたくはありませんよね。

　足は人体の土台として古今東西、非常に重要視されています。有名な絵画「最後の晩餐」でも、キリストを敬愛する人たちが足にキスをしていますよね。

　日本でも、江戸時代には、土間から部屋に上がるときには足をふいて上がっていましたし、足ふき屋さんも存在していました。スリッパで汚れを隠してはいけません。

　来客用スリッパを置きたいのなら、**少なくとも半年に1回は洗いましょう。**使うならスリッパも衣替えしたり、はくたびに手入れしてもいいほどです。それができないなら、そもそも不要なのです。

この片づけ・整理が終わったらチェック⬇
□

ホテルのスリッパは、持ち帰っても使いません

汚れたスリッパは捨てる、もしくは洗いましょう

郵便受け
1

郵便受けはつねに空にしておく

不要なダイレクトメールの受け取りを拒否する

通信販売で買い物をすると、ことあるごとに宣伝チラシやカタログが数多く送られてきて、うんざりすることが多いと思います。これらのダイレクトメール類を放置すると不在がバレて空き巣のきっかけになったり、抜き取られて名前を確認されたりと、防犯上のリスクもあります。

また、大事な郵便物がダイレクトメールのなかに埋まってしまい、重要書類を誤って捨てることにもつながります。すぐにストップしましょう。

逆に郵便受けの中がいつも空ならば、郵便物や新聞などがたまっている場合、病気で倒れている、孤独死かもしれないと異変に気づいてもらいやすくなります。

なお、望まない不要なダイレクトメールを処分するときに注意すべきことがあります。封書タイプのほか、ビニール入りの大きなカタログは、**住所・氏名などの個人情報部分を裁断しましょう。**個人情報はゴミからもれてしまうこともあります。

郵便受けから郵便物があふれていると、だらしのない人だと思われます。さらにダイレクトメールは、あなたが亡くなったあとも送られ続けます。家族や相続人は、重要な請求書や書類と不要なダイレクトメールを分類しなければならなくなります。

将来のめんどうを省くためにも、思い切ってすみやかに止めてしまいましょう。

この片づけ・整理が終わったらチェック⬇ □

ダイレクトメールの受け取りを拒否する方法

□ 受け取りを拒否したい封筒を用意

⬇

□ メモ用紙に「受取拒絶」と書く

⬇

□ 封筒の宛名の近くに用意したメモ用紙を貼る

⬇

□ そのままポスト投函、または郵便局窓口へ持参

ただし、「〇〇メール便」「これは郵便物ではありません」という表示がある場合は、発送元に電話などで連絡しなければ止めることはできません

郵便受け②

読まない新聞は購読しない

テレビ欄やチラシの情報はネットで

郵便受けにたまってしまうものといえば、新聞です。新聞を購読する・しないはライフスタイルに合わせて自由に決めればいいのですが、「なぜ購読しているのか」を精査してみてください。

情報入手のために新聞が必要ならば、問題ありません。ただ、読みもしないのに習慣で契約しているなら解約しましょう。**購読料は年間では5～6万円**にもなりますから、それなりの金額です。

休みの日に新聞をじっくり読みたいなら、土日だけ配達してもらうのはいかがでしょうか。コンビニや駅の販売店などで買うという手もあります。テレビ欄が見たいからという理由で購読している人はけっこういますが、いまはテレビのリモコンに「番組表」ボタンがあります。

スーパーのチラシが欲しいなら、インターネットやスマートフォンのアプリでチラシの情報を見たりすることも可能です。

新聞紙は**野菜や切り花の保存**など、便利な活用法がいろいろあります。しかし、新聞の配達は毎日のことですから、あっという間にたまってしまいます。捨てるのがめんどうなら、購読をやめましょう。つきあいではじめた会報誌なども同様です。ちなみに、たまった新聞紙は、**フリマアプリで売れることがあります。**試してみては。

この片づけ・整理が終わったらチェック⬇□

新聞の購読料

購入期間	土日のみ購入した場合
月間	1,000円～2,000円程度
年間	20,000円程度

フリマアプリで販売された例

販売値段	枚数	重さ
300円	150枚	3kg

階段

大事な避難経路の階段を片づける

ものか命か、二者択一

玄関や部屋にものがあふれると、階段にもはみ出してきます。しかし、家の中の階段はいざというときの避難経路であり、あなたに何かあったときの救出ルートとなります。もしもそこにものを置くと決めたのならば、階段や通路を外につくるべきでしょう。階段や踊り場に段ボール箱や古新聞・空き箱を束ねたものなど、その気になればすぐに処分できそうなものを置きっぱなしにしている人は、そのために命を落とすことを想像して、すぐに片づけましょう。

人間は視界に入ってきたものがどうしても気になってしまいます。本来は階段の先を見ながら歩きますが、視界に入った箱や新聞紙を気にして「あれはなんだっけ」「片づけなくちゃ」と考えていると、いずれ足を踏み外して大ケガをしたり、ものが邪魔して体のバランスを崩し、階段から落ちたりする可能性もあります。

階段を片づけるときは、**上の段から下の段へと、少しずつものを下ろしていきましょう。最後に下の段にたまったものをゴミ袋につめれば完了です。**10分もかからないはずです。

昨今の雑居ビルやマンションの階段にはものを置いてはいけないと消防法で定められています。なぜなら、ビル火災で階段がふさがれたせいで亡くなった人が多数いたからです。

この片づけ・整理が終わったらチェック⬇□

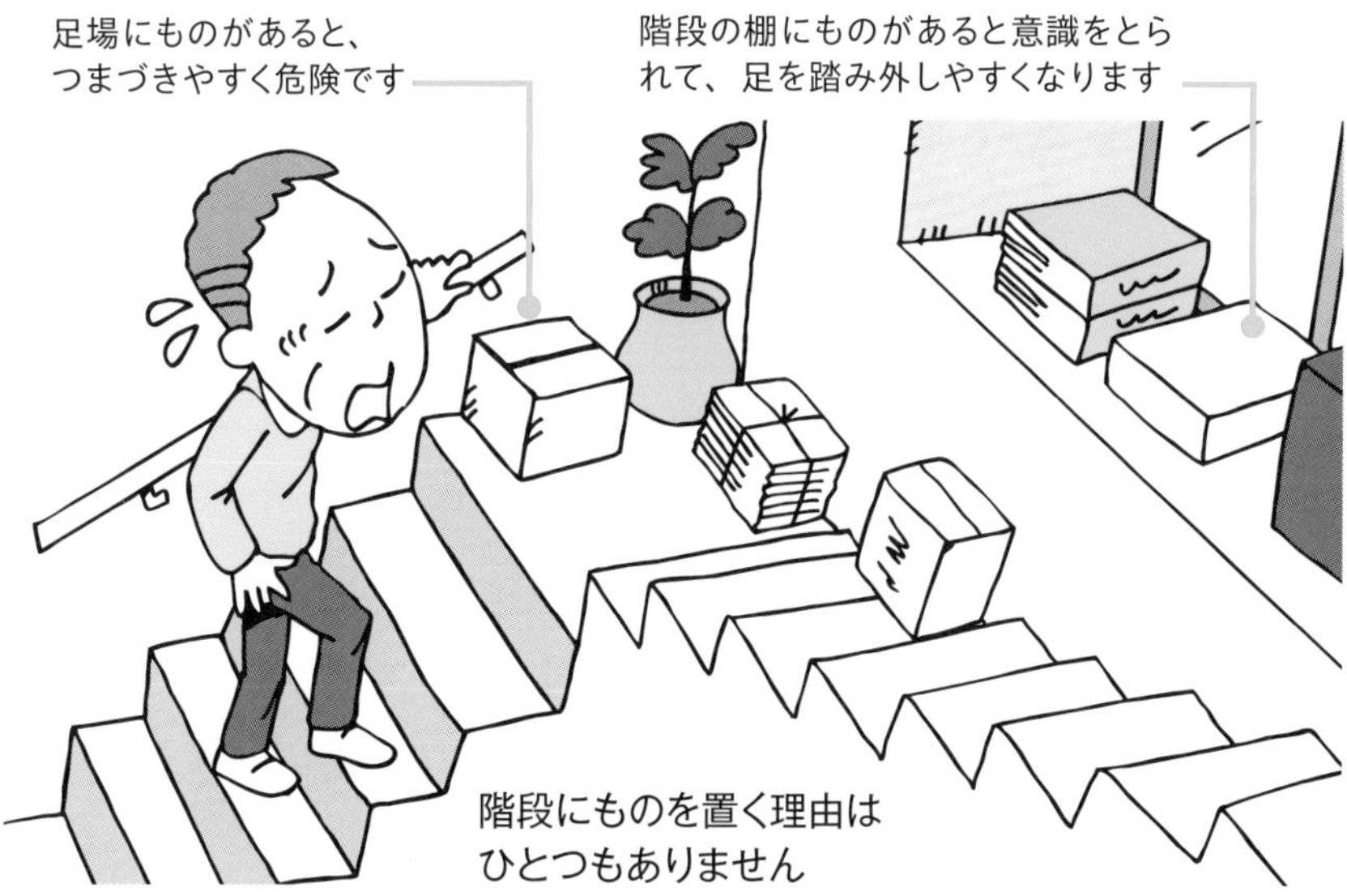
足場にものがあると、
つまづきやすく危険です
階段の棚にものがあると意識をとられて、足を踏み外しやすくなります
階段にものを置く理由は
ひとつもありません

寝室

部屋の隅にはものを置かない

衛生・防災上もっとも重要な場所

デッドスペースになりがちな部屋の隅をムダなく活用している人は多いと思います。リビングからあふれた小物や雑貨を、寝室の隅に置いていませんか？　寝室は寝るだけの場所なので片づけがあと回しになり、知らず知らずのうちに使わないものが増えていきます。コーナー台を設置したり、オープンラックに小物や飾りものを置いたり……。しかし、人生最後の片づけ・整理をするあなたにとって、**もっとも有効な活用方法は、「何も置かない」ことです。**

理由はふたつあります。まずは防災上の理由です。かつてはトイレが家の中で安全な場所だといわれていました。たしかに狭い空間に柱が４本あるので頑丈ですが、地震で歪んだ扉が開かなくなり閉じ込められる可能性も。じつは、トイレよりも柱がある部屋の隅のほうが安全なのです。

ふたつめは衛生上の理由です。人が部屋の真ん中あたりで動くとホコリが舞いあがり、そのホコリは部屋の隅にたまっていきます。とくに寝室は、つねにきれいにしておきたい場所でもあります。

部屋の隅のスペースをいかそうと棚やコーナー台を買ってくれば、ものを増やすきっかけになり、ホコリだけでなく、不要なものが集まります。ムダなお金を使って、すきまを埋めようとする考えはやめましょう。部屋を広く感じられるようになります。

この片づけ・整理が終わったらチェック⬇□

使い終わった掃除機や小物を部屋の隅に置いていませんか。これらがなければ、部屋を広く感じられます

テーブル

テーブルの上をゴチャゴチャさせない

小物はまとめてふさわしい場所へ移す

リビングのテーブルの上がゴチャゴチャしていると、何かをするときにものをどかしてスペースをつくる作業が必ず発生します。時間のムダです。テーブルには何も置かないほうがいいくらいです。チラシやゴミなどの下に、必要な薬やリモコンが隠れてしまうこともよくあります。

ものがなければ、たまに訪ねてくる来客や家族も「散らかっているな」と気にならず、会話がはずみます。団らんのスペースとしていつもスッキリさせておきましょう。

片づけ・整理のコツはとても簡単です。置いていいのは大切なもの、必要最小限のものだけ。たとえば、**食後に飲む薬は毎日飲むものですから置いても問題ありません**（期限が過ぎた薬は捨てましょう）。

収納カゴなどの購入については、ものが増える原因になるのであまり賛成しません。が、テーブルの上にあるべきものは、**小物入れを買ってひとつにまとめることをおすすめします。その小物入れにテレビのリモコンを入れて定位置とするのは「あり」です。**

テーブルの上にふさわしくない小物は、爪切り、化粧品、文房具など。これらはカテゴリ別にして、重複しているものや使えないものは迷わず処分します。そのうえで別の場所へ移動しましょう。作業時間は10分程度です。

この片づけ・整理が終わったらチェック⬇□

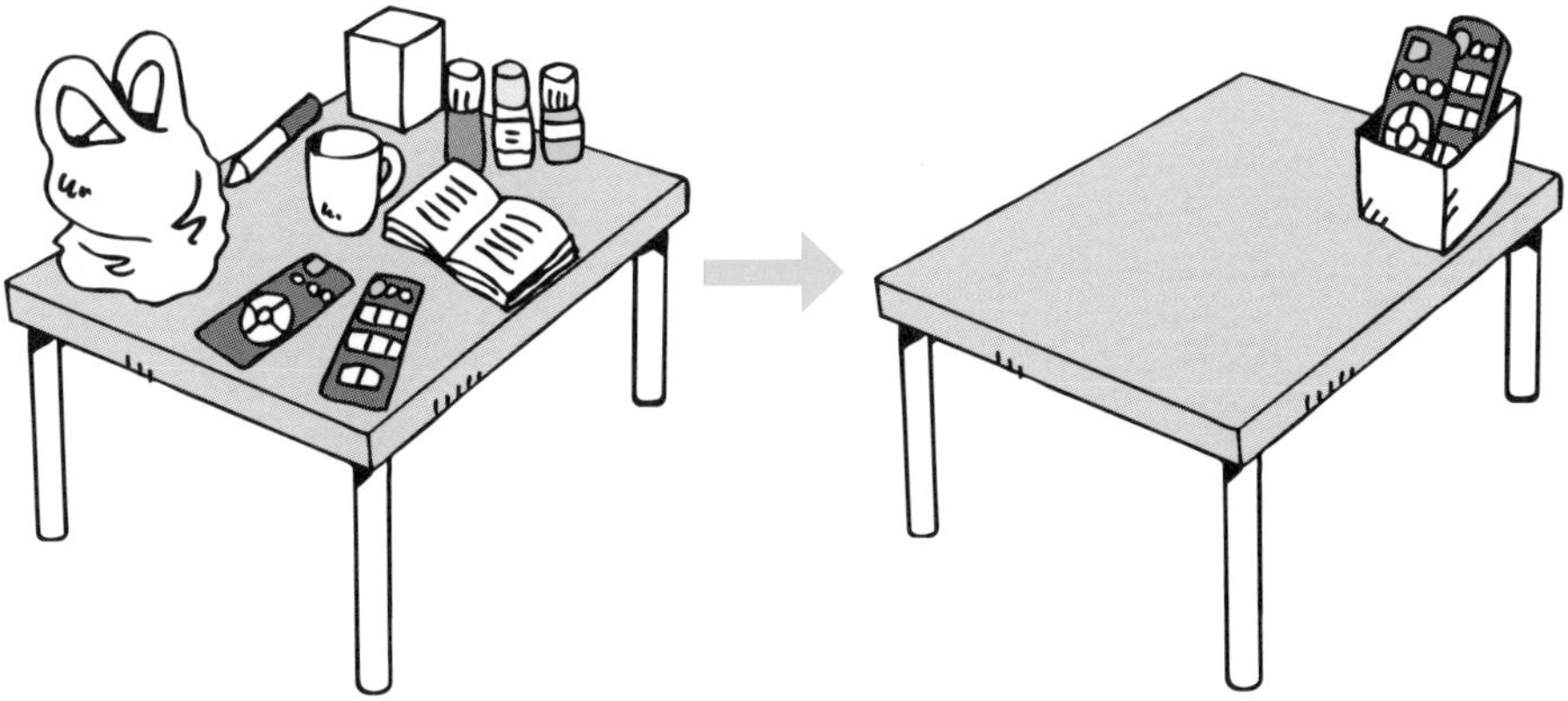

出しっぱなしにしているとどこに
何があるかがわからなくなります

テーブルの上に置くのは、テレビの
リモコンと毎日飲む薬だけにしましょう

リビング

収納家具を減らしていく

部屋を狭くするのは収納家具

片づけをして散らかった部屋がきれいになったのに、なぜか生活空間が広がった実感が得られないことがあります。その原因は、収納家具が多いからです。

もの自体の要・不要は判断できても、収納に必要な家具の判断は、甘くなってしまいます。ものを減らすことに成功したら、**スチールラック、カラーボックス、各種ケースなどの収納家具の処分を考えましょう。**

極端な話、**収納家具は「衣」「食」につき、ひとつずつあればじゅうぶんです。「衣」はたんす、「食」は食器棚です。**それ以外は、もともと家に備えつけられた押し入れやクローゼットを使いましょう。

スチールラックやカラーボックスは、自分で買ってきて組み立てた記憶があると思います。処分のため、ためしにひとつ解体してみてください。ひとつにつき5分、10分はかかります。この手間は本来不要で、バカバカしいと感じませんか？

それが実感できれば、新しい収納家具を気軽に買ってこようとは思わなくなります。体で覚えることも、必要なのです。

本の収納についてはのちほど（96ページ）で紹介しますが、ものを減らした結果としてサイズダウンも考えられます。こうすれば、部屋が広がっていくことを実感できるはずです。

この片づけ・整理が終わったらチェック⬇□

収納家具の減らし方

不要なものを捨てる

⬇

収納スペースが広がる

⬇

収納家具を減らす
収納家具をサイズダウンする

⬇

ものが増えない

新たに収納家具を買わないだけで、部屋の広さを保てます

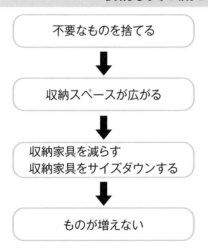

家電

使っていない家電はいますぐ捨てる

自治体に処分のしかたを相談する

壊れた家電製品をいつまでも取っておく人がいます。ミシンや掃除機、扇風機などは場所をとるため、すみやかに処分しましょう。

家電は少し動きがおかしくなって買い換えるケースが多いと思いますが、「まだ使える」と思っていつまでも置いておくと、捨てられなくなります。ゴミ捨てのルールがいまよりも複雑になる可能性もあり、持っているだけで損をするばかりです。使わないものはいちどすべて処分し、また必要になったら買いましょう。

エアコン、テレビ、冷蔵庫、洗濯機の「特定家電の4品目」については、処分のみの場合、購入した店舗に引き取りについて問い合わせる必要があります。購入店舗が不明なら、**住んでいる市区町村の環境課**（など）の案内にしたがって処分しましょう。

たとえば、自分で持ち込めない場合はリサイクル料金に加えて収集運搬料金もかかります。小型家電についてもゴミ出しの方法が細かくルール化されています。安く回収してくれる情報をもらえる場合もあるので、相談しましょう。

昔と比べれば、家電の処分のハードルはずいぶん上がりました。とはいえ、古いものをいつまでも持っていても邪魔です。

放置した家電は、あなたの死後、家族が時間とお金を費やして処分することになりますから、いまのうちに捨てましょう。

この片づけ・整理が終わったらチェック➡□

特定家電のリサイクルにかかる費用例

エアコン		990円～
テレビ	液晶・プラズマ（15型以下）	1,870円～
	液晶・プラズマ（16型以上）	2,970円～
冷蔵庫・冷凍庫	170L以下	3,740円～
	171L以上	4,730円～
洗濯機・衣類乾燥機		2,530円～

「再商品化等料金一覧（家電リサイクル料金）」（一般財団法人 家電製品協会）をもとに作成

カーテン

カーテンにも衣替えが必要

洗濯しやすい軽いカーテンに取り替える

窓のカーテンを前に洗濯したのはいつですか？　1年に1回、あるいは2〜3年に1回程度のペースで洗濯する人が多いと思います。カーテンを設置してからいちども洗っていない人もたくさんいました。

室内を掃除して換気をじゅうぶんに行なっていても、汚れたままのカーテンを使っていては不衛生です。**夏用、冬用など季節ごとにカーテンを用意し、衣替えをしましょう。**片づけ・整理は余計なものを増やさないのが基本ですが、このカーテンは予備ではなく必須です。

カーテンは部屋のマスクです。あなたのプライベートを守り、防音をし、極度の暑さ寒さを緩和し、部屋のインテリアとしても一役買っています。

汚れが目立ちにくいカーテンには、家の中のホコリ、ペットの抜け毛、たばこの煙、外からのちりや花粉、排気ガスなどが吸着しています。できれば季節の変わり目くらいは洗ってあげましょう。

また、カーテンを外したら、ホコリのたまりやすいカーテンレールの掃除も忘れずに。取り外すのに慣れれば、時間も短くすみます。体力が低下すればするほど、カーテンの交換や洗濯は大変になります。いまのうちに、**軽くて洗濯しやすいカーテン**に変えるのがいいかもしれません。

この片づけ・整理が終わったらチェック⬇︎□

カーテンの掃除の手順

カーテンのフックを取り外す

⬇

タグに洗濯OKの記載があるかを確認

⬇

丁寧に折りたたんで洗濯ネットに入れる

⬇

つけ置き洗いをしたあとに、通常洗濯

⬇

そのあいだに、カーテンレールを掃除

カーテンは日差しの影響で劣化しがちです。丁寧に扱いましょう

トイレ

トイレのマットは逆に不衛生

雑菌に触れないようトイレは清潔にする

遺品整理の仕事でトイレを片づけていると、便器を洗うブラシが黄ばんでいたり、ホコリをかぶった洗浄剤やタオル、カラカラに乾いた芳香剤が放置されていることがよくあります。たいてい便座の裏側やウォシュレットに汚れがこびりついています。

こうしたトイレは、片づけや整理を専門とする私たちでも気が滅入ります。これほどの汚れが蓄積すると体調もおかしくなるので、**週に1回**でもいいので掃除をするべきだと心から思います。汚れがたまってしまったら使い捨てのカップなどを利用して片づけや掃除をしましょう。

トイレのホコリは何よりも汚いものです。トイレのマットには間違いなく尿が飛び散っていますから、不衛生で病気のもと。マットそのものを取り払ったほうが、ぞうきんがけも簡単になり、結果的に清潔に保てます。

また、**トイレには余計なものを置くのはやめましょう。**小さな観葉植物を置く人もいますが、いずれは手入れされなくなり干からびていきます。本や漫画も、雑菌が手から本、本から手に移るかもしれません。

排泄する場所はそもそも衛生的な空間ではないので、本などを読みながら長居して踏ん張るより、何も置かないことが得策だと思います。

この片づけ・整理が終わったらチェック➡□

トイレで読書するのはNG。排泄に集中しましょう

洗面所

洗面所の化石化を防ぐコツは捨てること

古い洗面道具は捨てたほうが衛生的

洗面台には使わない歯ブラシやうがい薬、髭そり、石けん、泡タイプの洗顔料などのこまごましたものがひしめいています。化石のようになった洗面用具は、体を汚すのですべて捨ててしまいましょう。

たとえば、歯ブラシは比較的安価なので、古い歯ブラシをいつまでも使うよりは、新しいものを使うほうが衛生的です。**シンクや風呂の掃除で使うからと、古い歯ブラシを取っておくのはＮＧ。**それも新品を使ってください。

また、旅行でアメニティグッズを大量に持ち帰る人も多いですが、そもそも使い捨て用なので、すぐにゴミになります。来客用でも来る直前に買うか、必要なものを持ってきてもらってはどうでしょう。

洗面台下の扉を開いて中を確認します。スカスカか、ぎっしりつまっているか、二極化しやすく、ほとんどの人が上手に活用できていません。

洗剤や石けん、カミソリ、うがい薬、目薬、歯ブラシや歯ミガキ粉などが置いてあると思いますが、なかには10年以上前の製品を大事に取っている人もいます。未使用でも使用期限がありますし、いまの製品のほうが性能がいいため、不要です。

洗面台の下は、基本的に排水溝のつまりなどの点検口だと認識しましょう。

この片づけ・整理が終わったらチェック⬇□

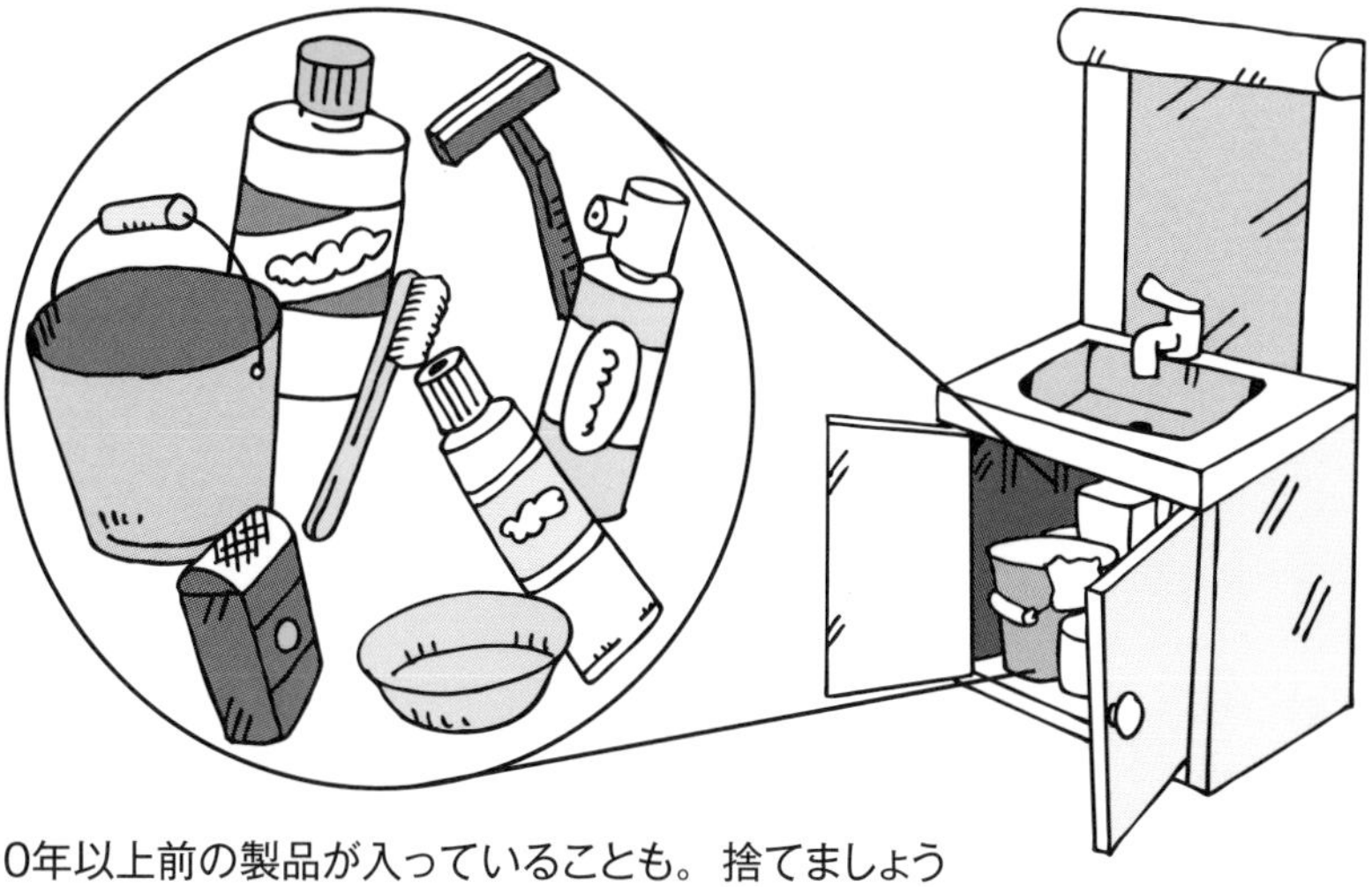

10年以上前の製品が入っていることも。捨てましょう

浴室

浴室や脱衣場で最期を迎えないために

ものが多いと転倒しやすく救助しづらい

現代は、交通事故よりも、浴槽や脱衣場で最期を迎える人のほうが多くなっているそうです。理由はヒートショックと転倒。これも片づけで防ぐことができます。

対策のひとつめは、**入浴前に浴室や脱衣場をじゅうぶんに暖めておくこと**です。もうひとつは、**浴室や脱衣場をきちんと片づけて、ものを少なくしておくこと**です。浴室と脱衣所ですぐ使わないものを集めてゴミ袋へ。これは10分で終わります。

「なんだ、そんなこと?」と思うかもしれませんが、風呂で体調が悪くなったとき、片づけてあるかどうかが救命の鍵を握ります。スッキリした空間なら、たとえ倒れたとしても、頭などを打ちつける確率は下がり、つまづいて転ぶ確率も下がります。

救急隊がかけつけたとき、ものが少ないほうがスムーズに運び出せるに決まっています。散らかっていると、ものをどかす時間がかかります。倒れた人への救命処置が間に合わないかもしれません。1分1秒を争うタイミングで余計な動きに時間がとられて命を落とす人も多いのです。

ちなみに、浴室にタオルを置いている人も多いのですが、濡れたタオルは雑菌が繁殖しやすくなります。細かい話になりますが、タオルを胸より上の高さに置いている家を見かけます。タオルは、体がひっくり返っても手を伸ばしたら届く、腰の高さに置いたほうがいいでしょう。

この片づけ・整理が終わったらチェック⬇☐

浴室・脱衣場チェックリスト

- ☐ 脱衣場・浴室は暖かい
- ☐ 脱衣場は整頓されている
- ☐ 浴室のタオルはこまめに交換している
- ☐ タオルは腰の高さに置いている

キッチン
①

食器棚が必要か考えてみる

だれかのための食器は不要

高齢になると世帯の人数は減ります。少人数の世帯には大きな食器棚が不要です。かつては、普段使いの茶碗や皿以外にカレー、グラタン、スープなど料理ごとに器を使い分けたり、来客用のコップや大皿をそろえて食器棚に収納する人が多くいました。

しかし、ひとりかふたりの生活なら、**カラーボックス**に人数分の茶碗や皿、コップ、カトラリーを置けばじゅうぶんですよね。いない家族のぶんの食器を置いていると家は片づきません。**食器棚ごと**食器を処分しましょう。

「子どもや孫が来るし……」「お客さん用に」ととっておいたものは、必ず処分してください。だれか来るときも、紙皿や紙コップを用意すればじゅうぶんです。みんなで集まったら、外食や出前を利用するかもしれません。**そもそも自分の家にだれが来るのか、来客をどうもてなすのかは、よく考えてみることです。**

もしも器好き、趣味でコレクションをしているのなら食器棚を置いてもいいでしょう。ただし、趣味で器を持つ人はたいていリビングボードに収納しています。

なお、食器類を捨てるときは少しずつでOKです。食器類は重量があるためビニール袋にたくさん入りません。プラスチック製の保存容器や陶器の分別も必要で、かなりめんどうです。価値のある食器類は、早めに売って現金化しましょう。

この片づけ・整理が終わったらチェック⬇□

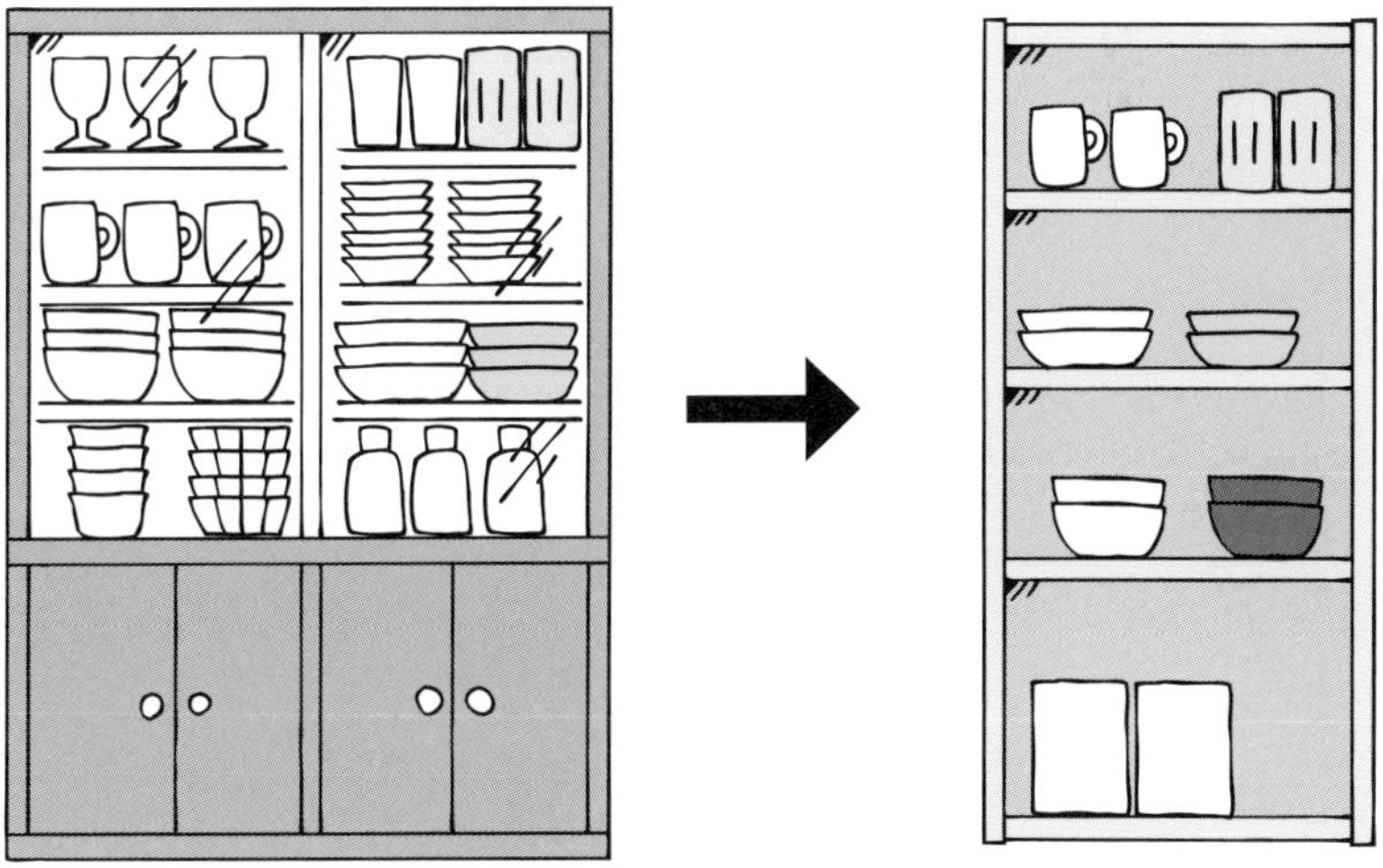

もらいものや来客用の食器を減らせば、棚ごと不要になります

キッチン②

冷蔵庫を整理すればお金がたまる

冷蔵庫の内容量を7割以下にする

孤独死した人の遺品整理で冷蔵庫を開けたとき、ゴチャゴチャしていて、使いかけ、期限切れの調味料や食材がギュウギュウづめになっていることがよくあります。買ってきたものを次から次へと押し込んでいき、奥の食べものを腐らせている人は危険だと思います。

冷蔵庫の内容量の目安は7割以下だといわれています。冷蔵庫の中がぎっしりつまっていると、冷蔵効率が落ちて電気代も余計にかかります。

まず棚、野菜室、ドアポケット、冷凍室に入っているものをすべて取り出しましょう。奥にあった食材や冷凍食品はすぐ処分します。これも10分あれば終わります。

食材や調味料はカテゴリーごとに整理しなければなりません。野菜室に牛乳があったらおかしいですよね。同じものをそろえるだけでもムダな空間をなくせます。もちろん拭き掃除も忘れずに。量に応じて棚の高さの調整も必要かもしれません。

冷凍庫はすき間なく食材を入れたほうが冷凍効率はよくなります。冷凍庫内のものを全部出し、不用品を捨てたうえでかごや**仕切り板**を使いながら、**チャック付き保存袋**、**ラップ**、**プラスチックの保存容器**をパズルのように整理して入れましょう。保存袋は重ねず、立てておくと取り出しやすくなります。日付やラベリングも忘れずに。

命に直結する食材の倉庫を整えることで、自分の体の管理ができます。そして、食材をムダにすることがなくなり、お金がたまるようになるのです。

この片づけ・整理が終わったらチェック➡□

冷蔵庫・冷凍庫の片づけ方法

冷蔵庫のものをすべて取り出す

⬇

奥にあったものを処分

⬇

冷凍庫の食材は仕切り板、チャック付き保存袋、ラップ、プラスチックの保存容器を使い整理

⬇

適宜、日付やラベリングをする

キッチン 3

キッチンの引き出しは一気に片づける

害虫の卵やフンを食べている可能性あり

キッチンの引き出しの中に入れるものは、絶対に清潔に保つ必要があります。箸置き、箸、スプーン、フォーク、ナイフなど、直接口に運ぶものが多いですよね。せん抜きや缶切りも触れた部分を口にしたり、汁などが口に入ったりします。

しかし、食材（生ゴミ）が近いため、引き出しはゴキブリや害虫がもっともすみつきやすい場所です。カトラリーやつまようじ、キッチンバサミ、場合によっては包丁も入るので、引き出しの中はきれいにして、容量の3割程度まで減らしましょう。

そうすれば、万が一ゴキブリが産卵したり糞を落としたりしてもすぐにわかります。ゴチャゴチャにつまっていたらゴキブリの痕跡もわからず、口に入れてしまいます。

引き出しの片づけと整理を同時に行なう手順を紹介します。

①ゴミ袋を引き出しの下にセットする。
②引き出しを開け、手前のものを上に出す。
③引き出しの奥のものをゴミ袋に入れる。
④空になった引き出しを拭く。
⑤上に出したものを種類に分けて入れる。

ダイニングテーブルに引き出しがついていて、中にカトラリーなどが入っているときも同様です。清潔さを保つために、余計なものは処分しましょう。

大量のカトラリーを持っているため、引き出しに入りきらないなら、最低限の数を残して処分しましょう。

この片づけ・整理が終わったらチェック➡□

ものが多いと害虫が
いても気づけません

キッチン 4

シンクの下は収納として使わない

水回りは基本的に不衛生であると心得る

シンク（流し台）の下の扉を開ける人はあまりいません。ここにあるのは、大きなフライパン、鍋、お盆などだと思います。シンクの下は点検口になるため、ものをすべて外に出し、頻繁に使う調理器具以外は全部捨てましょう。10分あればできます。

シンクの下の配管は劣化しやすく、つまりや水漏れなどのトラブルが起こります。点検する際には、**収納しているものをすべて出さなければいけません。**その手間を省くのです。ここは害虫が巣をつくる場所でもあります。一軒家だとゴキブリやネズミが出入りする場所にもなるので、ものを減らしてきれいに保ったほうがいいでしょう。

そもそも、使用頻度の高い調理器具は外に出しているか、壁にかけているか、あるいはガス台の下に収納しているはずです。私の経験上、ほぼ使わないものがシンクの下になぜか大切にとってあります。漬けたらっきょうや梅が置いてあったりもしますが、目の高さにないため、忘れられてしまいます。

シンクの下に包丁を収納するスペースがあるかもしれません。包丁はそこに2本しまい、それ以外のものは別のところに収納しましょう。

以前、私の実家へ深夜に泥棒が入り、包丁がごっそりなくなりました。警察からは「起きていたら殺されていたかもしれません」と言われました。犯人は4人ぐらいで、ひとり1本ずつ包丁を持っていたようです。

防犯の観点からも、すぐわかるところに包丁をしまうのは避けましょう。

この片づけ・整理が終わったらチェック⬇□

シンクの下の棚を空ける理由

- ゴキブリなどの害虫が巣をつくってしまう
- 漬けておいた梅などを忘れて放置してしまう
- 水漏れの点検の際に、ものを出す手間を省く

使用頻度の高い調理道具は壁にかけるか、もしくはガス台の下に収納しましょう

キッチン 5

キッチンの上の棚を開けてみる

要・不要の判断が簡単で片づけやすい

キッチンの上の棚は、年齢を重ねるにつれて開けづらくなり、いずれ確実に使わなくなります。つまり、そこに入っているものはすべて捨てても問題はありません。

実際には引き出物の皿やお正月用の重箱が入っていたりして、捨てにくいものも多いでしょう。が、子どもと同居していない高齢の夫婦の場合、お正月におせち料理をつくらなくなり、買ってすませる人も多くなっています。年に何回、重箱を使いますか？

ただ、引き出物はブランドもので値段がつく可能性もあるので、リサイクルショップに相談してもいいかもしれません。二束三文だとは思いますが、捨てるよりは気分が楽です。

そのほか、キッチンの上の棚でよく見かけるのは、昭和のにおいのするなつかしい氷枕です。いまなら冷却シートがあるので、いらないですよね。

大きな水筒も隠れているかもしれません。あまりに古いと中の鉛が溶け出すこともあるため、使わないほうがいいでしょう。銀行からもらった食品用ラップなども、必要なければ処分しましょう。

棚を開けるのはめんどうですが、要・不要の判断が簡単で、じつは片づけやすいところです。**人間は、目の高さにあるものに焦点を合わせるので、その範囲外にあるものはいらない、使わないものばかりです。**

この片づけ・整理が終わったらチェック⬇
□

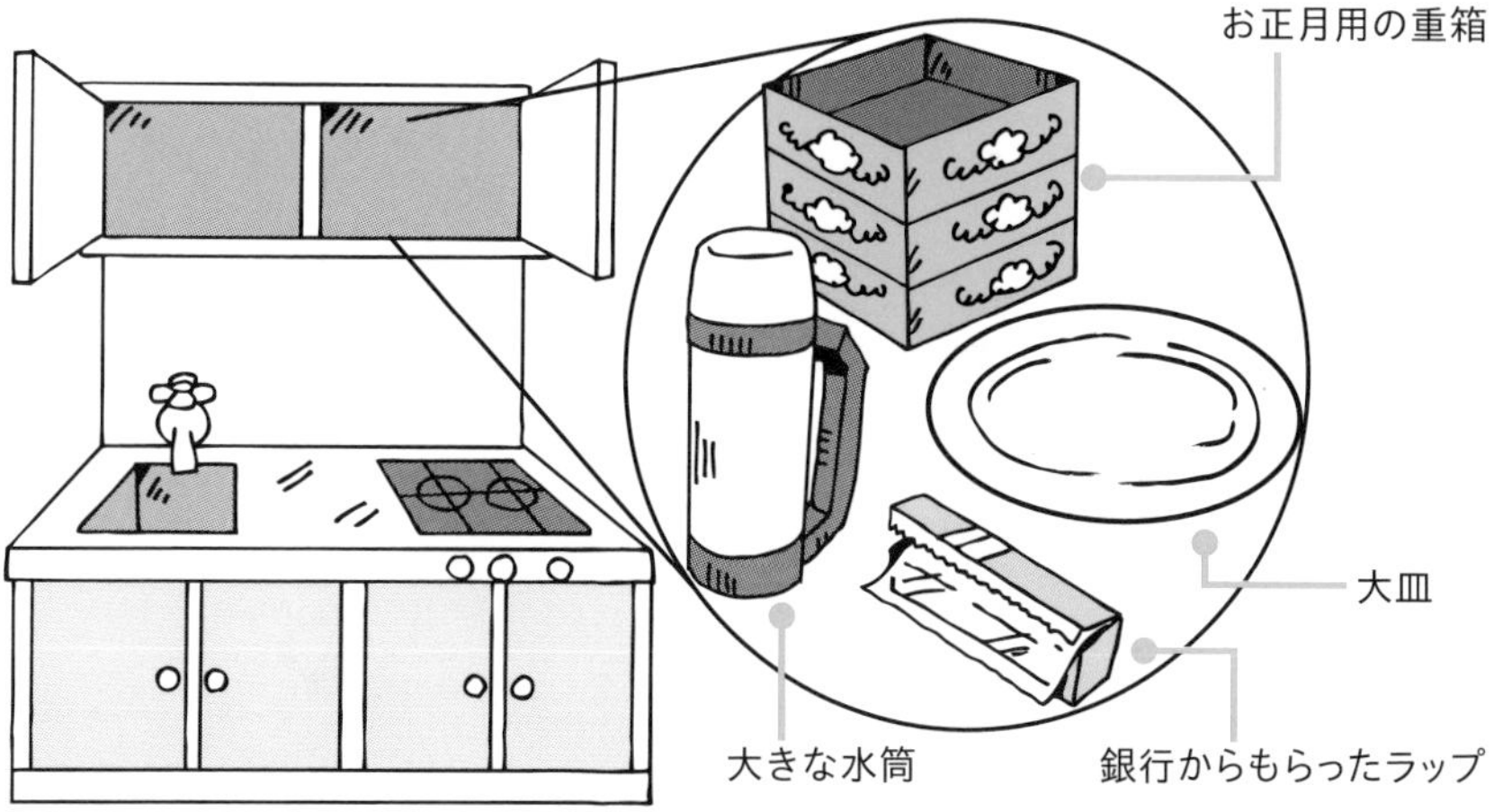

キッチンの上の棚はめったに開けないため、古いものも残っています

キッチン⑥

料理好きな人の整理・収納をまねる

不用品を捨てて食品類をまとめる

忙しくて、あまり料理をしない人は、家中に食品などが置かれている傾向がありま す。買い置きのお菓子、砂糖などの調味料、乾燥食、お中元やお歳暮などのいただきも のを棚や箱に大量に保存しているケースが見受けられます。

逆に、料理が好きな人のキッチンは清潔に保たれていて、自分が使いやすいように整理の工夫もされています。使わない調味料はほとんどなく、使用頻度の低い調理用具はきちんとしまっています。

料理をあまりしない人たちが悪いわけではありませんが、家中に食品類が散乱するような人は、**いま持っている調理用具を3分の1に減らしましょう。**要・不要でなく、とにかく捨てることを優先してください。そうすれば、キッチンやほかの部屋の空間がよみがえります。

ものを減らしたら、引き出しや棚の中をきれいに掃除し、家中に散乱していた食品類をまとめて収納します。

収納のコツは、**スーパーのように古いものを手前に置いて順番に使っていくこと**です。消費・賞味期限の範囲内で食品類を使い切ることができます。まとめて保管することで、同じ商品を購入する、調味料を探しまわるといったムダも防げます。

ものがあるべき場所に収まれば、空間、お金、時間の節約になります。

この片づけ・整理が終わったらチェック➡□

食品類の片づけ方法

調理用具の2/3を手放す

⬇

調理用具が入っていた棚や引き出しを掃除

⬇

空いたスペースに家中の食品を収納

⬇

古いものを手前に配置し、前から順に使う

使っていない調理用具は想像以上にたくさんあります

服1

衣替えをしてたんすをうまく使う

衣替えは洋服の点検・見直し・処分のチャンス

洋風の家が増えたこともあって、たんすの使い方を知らない人が多いのではないかと感じます。洋服をクローゼットに1年中かけっぱなしにする人もいます。年齢を重ね、衣替えをしなくなっていませんか？

かつて衣替えは虫食いを見つけたり、着なくなったものを捨てたりする絶好のタイミングでした。衣替えをしないと季節の感覚がなくなっていきます。そういう人は、部屋の中にいつでも冬ものを置きっぱなしにしています。窓のカーテンレールや壁際に冬ものの服をぶら下げている人もいました。

冬もののコートやダウンジャケットをオールシーズンむき出しにしていれば、ホコリがついて部屋に落下します。衣類にはホコリがたまりやすいのです。

クリーニング店のビニールは通気性が悪いので外し、**不織布などの収納用カバーに変えましょう。**ニットコートとダウンジャケットは、畳んで収納できるため、シーズンが終われば**圧縮袋を使ってたんすの引き出しに収納しましょう。**スペースが劇的に広がります。

私は「衣替えをする」とは「衣装ケースを使わない」ことであると考えます。衣替えのたびに不要な服が処分できます。たんすやクローゼットに収まらない量の服は、もう必要ないのです。

この片づけ・整理が終わったらチェック⬇□

収納できていても、この先実際に着る服は数着しかありません

服②

たんすの引き出し内は洋服2枚重ねまで

風を通し、カビや防虫剤を確認する

昔の人は洋だんす、和だんす、婚礼だんすの引き出しに新聞紙を敷いていました。遺品整理の現場では、何十年もの前のオリンピックの記事を見つけることもあります。また、スカスカになり効果がなくなっている防虫剤もよく目にします。これらは不衛生で、長いあいだ閉めっぱなしにしていた証拠です。

洋服や下着、着物に発生したカビや防虫剤の確認とともに、**洋服のサイズが合っているか**、**時代にマッチしているのか**もチェックしましょう。ひとつの引き出しの整理は10分あればできます。

思い入れのある服、自分でつくった洋服など大切なものはきちんとクリーニングに出して、部屋に飾っておいてもいいと思います。しまっておくだけならば、ないも同然なので、不要といえます。

たんすの中がスッキリすると、外にかけっぱなしになっていた服を収納できるようになります。スチール製のハンガーラックをはじめとする収納アイテムも同時に不要になり、部屋が広くなります。

引き出しの中に4枚ほど服が重なっているのは容量オーバー。空間が保たれていないと服は取り出しにくくなり、やがて収納しなくなります。**「見える範囲に洋服が2枚重ね」**ぐらいがちょうどいいです。

ちなみに、泥棒は引き出しを下から開けていき、何もないとすぐ出ていきます。ものが多いと泥棒はなかなか出ていきませんし、たんすから取り出した洋服で部屋が散らかり、あと片づけも大変になりますよ。

この片づけ・整理が終わったらチェック⬇□

洋服だんすのチェックポイント

- □ カビが生えていないか
- □ 防虫剤が機能しているか
- □ 新聞紙が古くなっていないか
- □ 洋服のサイズがあっているか
- □ 洋服は時代にマッチしているか

虫に食べられた洋服は
みたくありませんよね

服③

クリーニング店のハンガーを使わない

首が回る自在式のハンガーを使用する

クリーニングから洋服が戻ってくるときについてくる、プラスチックや針金のハンガーはもう不要です。たまってしまって持て余している場合もあるはずです。しかし、長期間の保管には向かないのでクリーニング店のハンガーをもらうのをやめて、**店でたたみ仕上げ**をしてもらいましょう。

返却を受けつけたり、回収ボックスを設けたりしているクリーニング店もありますから、**リサイクル**してもよいでしょう。

また、たたみ仕上げをお願いすると、上着類が折りたたんだ状態で戻ってきます。夏もののも冬もののもたんすへ収納しやすくなります。ただし、店によってはたたみ仕上げをお願いすると別料金がかかることがあるので、確認しましょう。

では、どんなハンガーを使うか。私のおすすめは**首が回るハンガー**です。クリーニング店のハンガーのように首の回らないものは洋服の向きを変えればすき間なくつめ込むことができます。これがよくありません。取り出すときに隣の服も引っ張り出してしまい、洋服を戻すときは押し込むかたちになります。出し入れにムダな時間や手間が加わり、ストレスもかかります。首が回るハンガーに変えて向きをそろえれば、よく着る服の出し入れがしやすくなります。

ハンガーの使い方は性格が出ます。首の部分に別のハンガーをかけて数珠つなぎにしている人は非常にだらしなく見えます。なお、首のところで数珠つなぎにするのはよく着る服なので、奥にかかっている服は見ずに捨てても困りません。

この片づけ・整理が終わったらチェック⬇□

クリーニング店のハンガーの処理方法

もらわずに「たたみ仕上げ」
たたむ手間が減って時短になる

回収ボックスに返却
リサイクルになり、ムダがない

押し入れ 1

ベッドで寝る人に敷き布団は必要ない

最後に座布団を使ったのはいつ？

なかなか片づかない家の押し入れには、片づけるのにめんどうなもの、必要ないけれど捨てられないもの、もともと部屋にあったもの、邪魔なもの――つまり、もっとも必要ないものが長く保管されています。

現在、ベッドで寝ている人は人生の最期のときまでベッドを使います。押し入れの中にある敷き布団が「お客さまに寝てもらえる衛生状態だ」という自信がなければ、もう捨てましょう。もしも残したければ、洗濯をして日なたでしっかり干し、圧縮袋に入れて保管しましょう。手間がイヤなら捨てるしかありません。

押し入れの片づけで最初につまづくのは、敷き布団や座布団の存在です。まずは場所を取るこれらを処分しましょう。手順はふたつだけです。

①敷き布団や座布団を出す

②使っていなければ捨てる

昔は家で法事などを行なわれていたため、座布団を取っておく人も多かったのですが、いまどきは使う人があまりいないと思います。畳の部屋で座布団を使ったのは、いつでしょうか？　思い出せないなら、もう不要です。そもそも、使う座布団なら押し入れから出しているはずです。

最近の座椅子は、座面が回転したりと便利で使いやすいので、座布団を捨てても問題ありません。

この片づけ・整理が終わったらチェック➡□

座布団の分別例

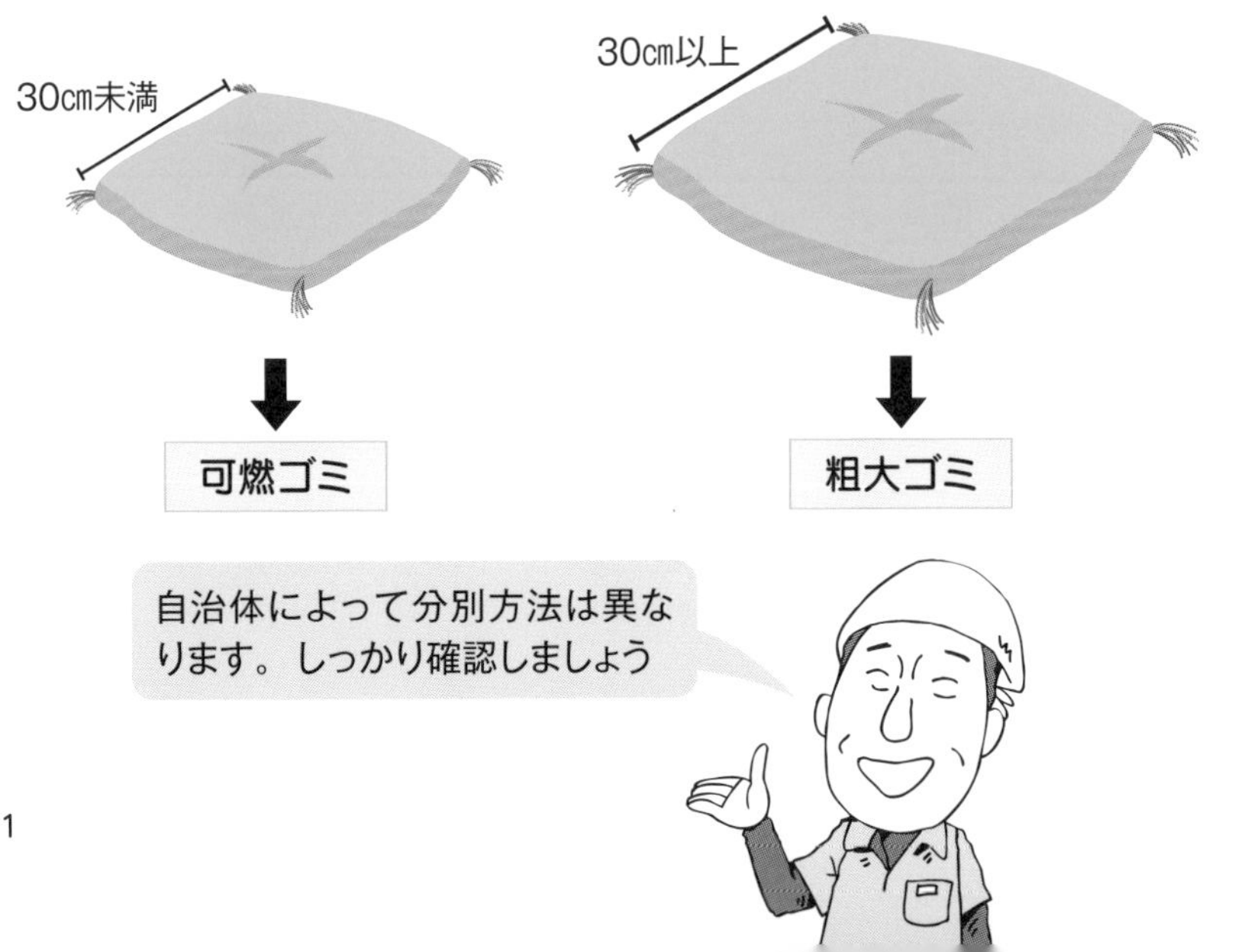
30㎝未満
30㎝以上
可燃ゴミ
粗大ゴミ
自治体によって分別方法は異なります。しっかり確認しましょう

押し入れ ②

生活必需品はあえて奥にしまう

使用頻度が高いものを奥に

クローゼットや押し入れにものがつめ込まれている人は多いと思います。片づけの手順としては、まずすべてを出し、何があるかをチェックしましょう。初日はそれでじゅうぶんです。翌日は不要なものを捨てます。その次の日に、ティッシュペーパーやトイレットペーパー、オムツなどの**生活必需品の予備をクローゼットや押し入れの奥にしまいましょう。**何もない場所の奥に置くのがポイントです。一時置きの感覚で廊下や部屋の隅に置いてみたり、玄関などに適当に積み上げておく人がよくいますが、それはやめましょう。きちんと収納することによって部屋がきれいに保たれます。

生活必需品はほぼ毎日使います。入れ換えやつめ換え、補充が必要となれば、買い置きも欠かせません。なくなればすぐに必要になるので、これらを手前に置いてしまいます。たしかに便利で使いやすいのですが、結果として部屋にものがあふれるのです。

よく使うものを奥に保管すると、手前にあるものは取り出すときに邪魔になります。そのため、手前のものの要・不要の判断ができるようになり、必然的に整理整頓が進みます。

もし捨てるのを迷うものがあったら、クローゼットや押し入れの手前に置きましょう。気がつけば量が減るか、まるごと処分できていると思います。

便利さや効率から離れて、少しだけ不便を楽しむ気持ちを持つと、片づけ・整理は進んでいきます。

この片づけ・整理が終わったらチェック⬇□

押し入れの奥にしまうべき日用品

- ティッシュペーパー
- トイレットペーパー
- オムツ
- シャンプー、せっけん
- 洗剤

使用頻度の低いものこそ、手前に配置しましょう

押し入れ
③

押し入れの中を可視化する

押し入れは見える範囲だけを使う

押し入れに段ボールをしまう人は多いと思います。それ自体は悪いことではありません。ただし、ふたは開けておくか、ふたの片面を切り落とし、中が見えるようにしておきましょう。26ページでもお伝えしましたが、中が見えなければ、何が入っているかを忘れるため、中のものは使われないままゴミになります。

ふたが開いていれば、いるもの・いらないものを可視化できるのです。先に説明したように、生活必需品の出し入れをするのと同時に捨てる決断もできます。いらないものを見つけるたびに捨てるだけなので、片づけのハードルがだいぶ下がります。片づけ・整理が終わったあともきれいな部屋が維持されるのです。

また、ふたが開いている段ボールは積み重ねることができず、押し入れに収納できる段ボールの数は減ります。その結果、ものをため込まない習慣が身につき、スッキリした家になるのです。

可視化するのは段ボールに限ったことではありません。押し入れの奥が見えなければ、奥にあるものの存在をわすれてしまいます。すき間なく押し込まず、奥が見えるように収納しましょう。

押し入れは、物置として使う場所ではありません。あくまでも「必要なものを、目に見える範囲で置いている場所」になるように心がけましょう。

この片づけ・整理が終わったらチェック⬇□

どこになにがあるか、
すぐわかります

どこになにがあるか、
まるでわかりません

棚①

よく読む本は棚の下段に収納する

並べ方はジャンルでなく要・不要

本や漫画、雑誌が好きでたくさん持っている人は、本を手前や奥に積み上げたり棚の中で2〜3段重ねにしているはずです。本棚の整理をする方法は、クローゼットや押し入れと似ています。基本は**よく読む本、必要な本を本棚のいちばん下**に収納しましょう。それ以前に床や廊下などに本を積み上げているなら、とにかく本棚に収納する必要があります。その裏技を紹介します。

まず、**捨てるのに迷いが生じる本は中段に、いらない本は上段**に置きましょう。上段・中段に必要度の低い本が並ぶと、のちに処分するとき、わかりやすいでしょう。入れ換えだけなら10分で片づけを進められます。なお、上段にある本はダンボールにつめて、古本の回収業者に引き取ってもらうのがもっとも早く片づきます。古本チェーン店の場合、価値がつかない場合でも無料で引き取ってくれます。価値がある本なら人にあげたり、古書店で高く買い取ってもらうといいですね。

本棚の上段に空きスペースができたら、これから買う本、読む本を並べます。読み終えた本はもちろん、読んでいる途中の本も必ず本棚に戻す習慣をつけ、読むたびに本棚から取り出しましょう。

本棚に飾りや小ものを置いてインテリアとして楽しむ人もいますが、やはりホコリが蓄積するので、すべて取り除きましょう。

この片づけ・整理が終わったらチェック⬇□

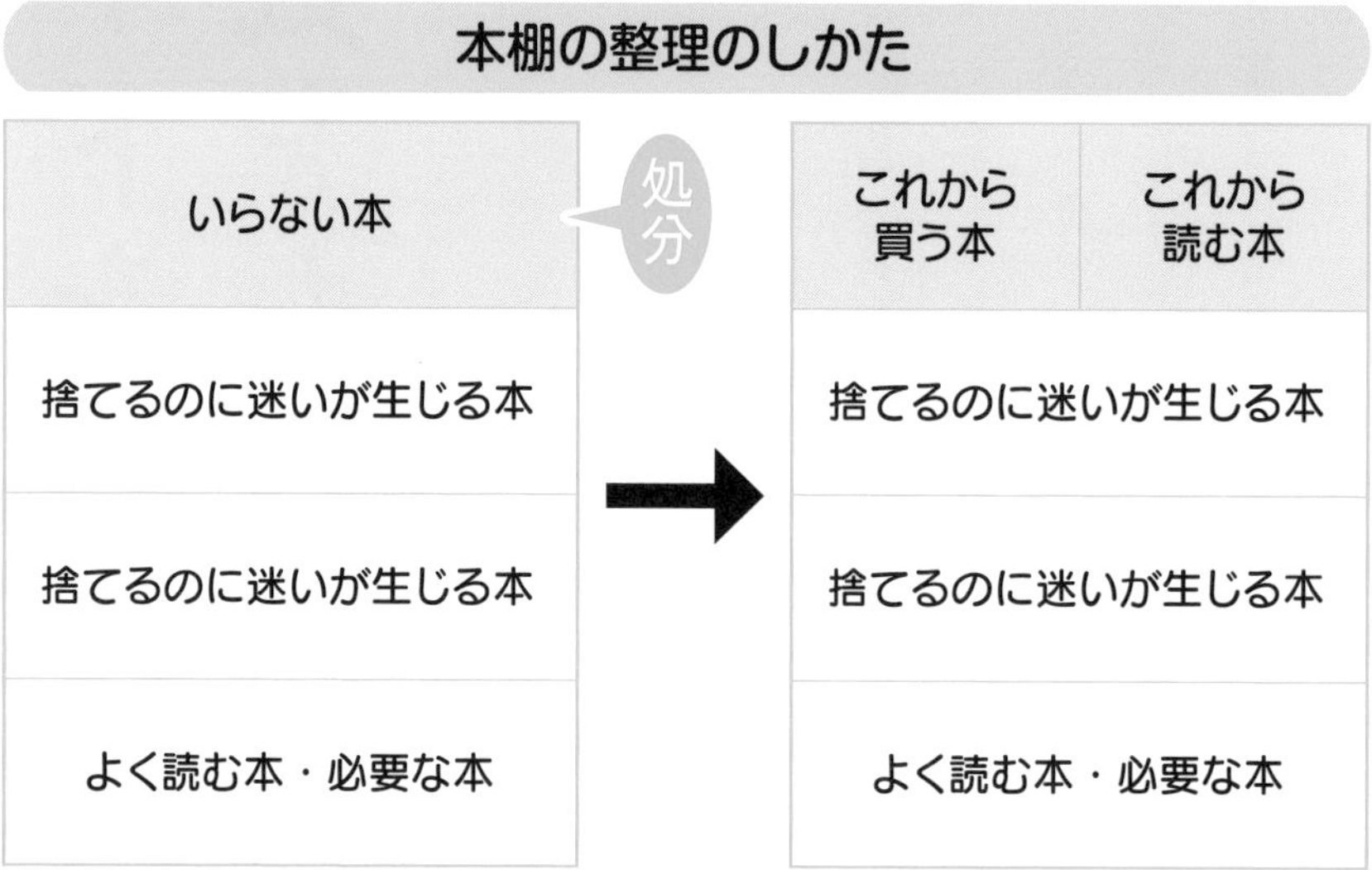
本棚の整理のしかた
いらない本
処分
捨てるのに迷いが生じる本
捨てるのに迷いが生じる本
よく読む本・必要な本
これから買う本
これから読む本
捨てるのに迷いが生じる本
捨てるのに迷いが生じる本
よく読む本・必要な本

棚 ②

サイドボードを捨てる勇気をもつ

応接間として使わないなら処分を

昭和の時代に流行したサイドボードを置いている人に質問です。何が入っていますか？　答えられないなら、重要なものはありません。思い切って処分することをおすすめします。私の経験上、それくらいサイドボードは無用の長物です。

昔の家は玄関を入ってすぐに応接間があり、そこにサイドボードがよく置かれていました。現在もその応接間を活用しているならそのままでかまいませんが、来客がないならなんとなく置いているサイドボードの処分を考えましょう。

じつはこの**サイドボードがあるせいで、ものを集める、もらう、飾るクセがつき、家が片づかない原因となっています。**

サイドボードに入っているものといえば、コーヒーメーカーやその備品、瓶や缶に入れたコーヒー豆、昔のウィスキー、ワインなどの高級酒、食器グラス類などです。コーヒーメーカーは、最近は安くていいものが出回っています。カトラリーはどんな高級品でも中古品だと値段はつかず、不要です。

なお、高級酒は買い手がつくかもしれません。飾るだけで楽しむことがないのなら、さっさと売ることをおすすめします。

サイドボードはたいていの場合、粗大ゴミとして扱われます。自治体指定のルールに従って処分しましょう。

この片づけ・整理が終わったらチェック⬇□

サイドボードの中によくあるものと処分のしかた

- コーヒーメーカー → 捨てる
- カトラリー → 捨てる
- 昔のウイスキー、ワインなどの高級酒 → 売る
- 賞味期限切れのコーヒー豆 → 捨てる
- 食器、グラス類 → 捨てる

価値のあるものはごくわずかです。ほとんどのものを捨てられます

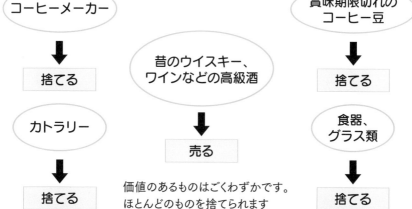

棚3

無料でもらったものはすべてゴミになる

使わず保管しているなら資源と空間のムダ使い

レジ袋は有料になりましたが、ポケットティッシュ、化粧品や洗剤のサンプル品、割り箸やスプーン、すしコーナーのしょうゆ、わさび、ガリなど、無料でもらえるものはたくさんあります。しかし、**あなたが亡くなったあとに片づけ専門の私たちに捨てさせるとしたら有料です。**大いなるムダです。

使わないものを保管している棚もムダです。貸しコンテナや私書箱などを利用すれば料金がかかります。ひとり暮らしの若者が、使うためにもらってくるのならわかります。でも、いい歳をしたあなたがもらう必要がありますか？

私の子育ての話ですが、店のオープニングで配られる風船などは「遊ぶのならもらってもいいけど、いましか持って歩かないのなら返してきなさい」と伝えていました。

考えずに生きている人は、無料の配布物を疑問に思わずに自動的に受け取っているのだと思います。

あなたは、自分に必要か必要ないか、部屋に必要か、環境にどう作用していくのか、などを考えることができるはずです。不必要ならば、もらったとしても返す勇気を持ちたいものです。

だれも受けとらなければ、企業も宣伝方法を変え、資源のムダが減ります。私は、何も考えずに「無料だから」となんでももらってくる人がいちばん悪人だと思います。


この片づけ・整理が終わったらチェック⬇□

無料で配布されるもの

・ポケットティッシュ	・割り箸	・蛍光ペン
・化粧品のサンプル	・スプーン	・クリアファイル
・洗剤のサンプル	・しょうゆ　・わさび ・ガリ	・消しゴム

屋外 ①

庭じまいも趣味のひとつに

枯れ木や不要な植木鉢は厄介なゴミになる

ガーデニングを楽しむ人に、ひとつ発想の転換をお願いします。その植物の最期を看取りませんか？　人間に寿命があるように、育ててきた植物にも命があります。中途半端に育てて、突然命を奪うのではなく、あなたの手で命をまっとうさせてあげましょう。

きれいに手入れしているお気に入りの植物は、親しい知人にプレゼントするのがおすすめです。それ以外の、ただ世話をしているだけの植物は、残念ですが枯らして土だけにしてしまいます。植木鉢を空にして、土は庭にまきましょう。すでに枯れている植物も同様です。

最後までとっておくのは**小さな植木鉢をふたつまで**にしましょう。植木鉢を処分するときは、両手にひとつしか持てません。それ以上になると**ゴミ捨て場との往復が必要**で、片づける人の負担が増大します。

花が咲けばきれいですが、葉の下の植木鉢から伸びる根が地面に食い込んでいると、片づけるときに大変です。

あなたの近親者が片づけるとしたら文句のひとつやふたつが出てきます。迷惑をかける前にきちんと整理しておきましょう。

なお、木は根元に近いところから切り、それ以降の片づけは業者に任せるのがおすすめです。

庭にあるものの処分のしかたを下にまとめましたので、参考にしてみてください。

この片づけ・整理が終わったらチェック⬇□

庭にあるものの処分のしかた

もの	注意事項・処理方法	分別の種類
植物	・ゴミ袋に入るようにカット	可燃ゴミ
植木鉢	・金属・陶器・ガラス製(30cm角以内)	不燃ゴミ
	・木・プラスチック製(30cm角以内)	可燃ゴミ
	・30cm角以上	粗大ゴミ
植木バサミ	・刃の部分を紙などで包み 紙に「ハサミ」と大きく書く	不燃ゴミ
土	・自分の庭にまく ・購入した店舗に引き取ってもらう ・ホームセンターに引き取ってもらう	自治体による回収は行なっていない

屋外 ②

防災・防犯面から物置小屋を片づける

さびついた物置は何重にも危険

庭先などの屋外に物置小屋を設置している家があると思います。外の物置小屋に入れているものは、カー用品、庭仕事の道具、空の灯油タンク、古い家電などでしょうか。外の物置は、粗大ごみの倉庫になりがちですが、使うものは手前にあると思います。必要なものだけ取り出して家の中に置きましょう。置けないものは捨てるものなので、**物置小屋ごと処分**してしまいましょう。

外の物置小屋を処分するのは、台風の被害を拡大させないためでもあります。屋根がさびていたり、土台が腐って傾いたりしていないでしょうか。そういう物置小屋は即刻処分することをおすすめします。台風で吹き飛ばされた物置小屋はとても危険です。

防犯の面でも、物置小屋は泥棒が家に侵入する際の死角になります。私が空き巣ならば、「この家、ものが多いから、お金持ちなのか」なんて想像してしまいます。

物置小屋がボロボロならば、「この家はだらしがないから、セキュリティーも甘いだろう」なんて想像もできます。

1日10分でかまいません。何回かに分けて、中のものをひとつずつ捨てましょう。ものがなくなったら業者に依頼して撤去してもらうことをおすすめします。

物置小屋のあった空間は、家にゆとりを与えます。孫が来たときにも、遊べる場所が増えて、一石二鳥ですね。

この片づけ・整理が終わったらチェック⬇
□

物置小屋撤去にかかる料金例

スチール製（鉄製）物置小屋	3辺合計サイズ	撤去料金
Sサイズ	400cmまで	15,000円
Mサイズ	500cmまで	18,000円
Lサイズ	600cmまで	21,000円
LLサイズ	700cmまで	26,000円

サイズによって値段が変わります。
依頼する前にサイズを測りましょう

納戸

納戸のものをすべて捨てる覚悟

基本的には空にしてもう開けない

使用しない家具やものを収納する物置スペース、いわゆる納戸は、片づけるのにかなり苦労します。なぜなら、そこは多くの人が開けないまま長期間、何十年もそのまま放置しているからです。ホコリが固まって砂や泥のように積もっていることもあれば、家の修復のためのペンキ缶がさびていたり、壊れた家電の破片が散らばっていたりします。この場所は火事になれば燃えやすく、ネズミや害虫が発生している可能性もあります。結論からいえば、防災や衛生の観点から納戸は空の状態がいいと思います。

遺品整理でよく言われるのが、「納戸の中は見ていないんですよ」「確認しなくてもいいので、あるものはすべて処分してください」などです。家によっては先祖代々のものが置いてありますが、着物や骨とう品のような古い時計などほとんど価値がなく、何の役にも立たないものばかり。思いきりよく捨てても問題ありません。

納戸の片づけが終わったら、基本的には**空っぽにして扉を開かないようにする**のがベストです。ただ、空いたスペースを有効活用したいならば、いちど、害虫駆除のアイテムできれいにしましょう。汚れがひどければ、床や壁の張り替えも必要です。

そのうえで、納戸を使うなら、**季節の家電、脚立や踏み台、災害時の備蓄品**がよいでしょう。季節の家電は定期的に出し入れするので、閉めっぱなしにならず安心です。

この片づけ・整理が終わったらチェック⬇□

納戸の再利用方法

納戸を空っぽにする

⬇

害虫駆除アイテムできれいにする

⬇

床や壁の張り替えをする

⬇

季節の家電、脚立、踏み台、災害時の備蓄品を保存

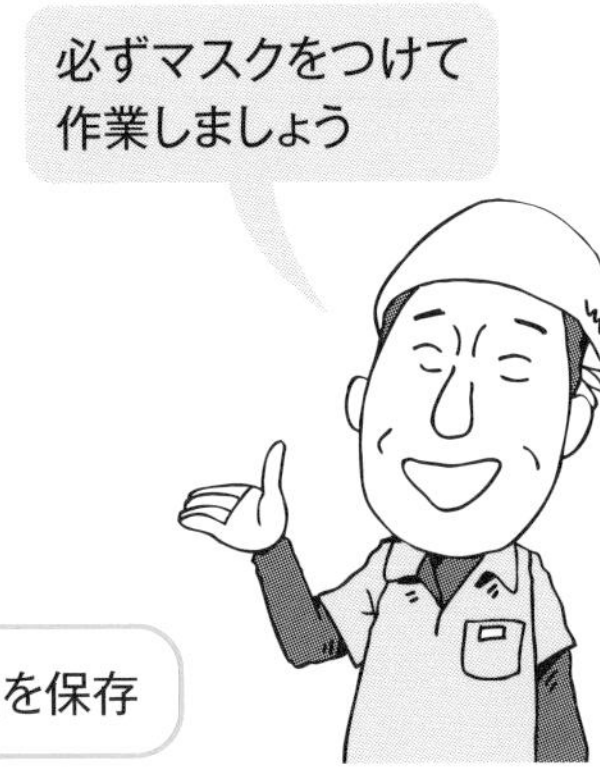

使われていない部屋

物置部屋に毎月数万円

部屋の手前にあるものだけを片づける

これまで作業にうかがった半数近くで「物置部屋」を片づけました。ものを置く部屋としてつくられたわけではないはずですが、家の人にそう呼ばれる部屋には、共通する特徴があります。**①部屋の中に入れず、②ものが乱雑につめ込まれ、③奥までたどり着けない状態です。**ひどいときは、ものが雪崩を起こしています。

もとは子ども部屋か応接間だった部屋が家族構成が変わって使わなくなり、空いているスペースに「とりあえずこれを置こう」というものが積み重なって物置部屋となります。片づけるには相当の気力が必要です。

片づけの動機づけとして、部屋の賃料を算出しましょう。持ち家なら固定資産税÷部屋の数÷12カ月です。3分あればできます。

次は片づけのコツです。物置部屋で使うものはだいたい手前にあります。つまり、要・不要を判断しながら片づけるのはそこだけなのです。**その奥にあるものはすべて不要。**心を無にして、いらないものをゴミ袋につめていけば、スッキリします。

1日10分で大丈夫です。数日後には、部屋の奥にたどり着けます。くれぐれもいちどに片づけようとは思わないようにしましょう。

物置部屋を片づけるときは、手袋やマスクが必須です。また、入り口と窓を開けて換気をしながら行いましょう。

この片づけ・整理が終わったらチェック⬇□

よく使うものは手前にあるので、奥のものは捨てましょう

デジタル
データ

デジタルデータの片づけ・整理をする

IDとパスワードは別々に保管する

スマートフォンやパソコンなどのデジタル機器のなかや、インターネット上にさまざまなデジタルデータが存在します。写真やSNSアカウント、ネット銀行の口座情報などがこれにあたります。不要なものは削除・解約をし、必要なものは管理しましょう。どういったデジタルデータを整理すればいいかわからない人もいると思うので、左ページのチェックリストを使いましょう。

インターネットを介したサービスの場合、サイトのURL、ID、パスワード、用途を紙にリスト形式でまとめておくことが大切です。

ただ、**IDとパスワードは別のリストに保管**しましょう。ひとつのリストにすべての情報があると、リストを見つけた第三者が簡単にデジタルデータを悪用できます。そのため、パスワードのリストだけ別の場所に保管するか、信頼できる家族に預けるといいですね。

お金が関係するネット証券やネット銀行、Web明細や有料サービスは、時間が経つと**負債に転じる可能性**があります。あなたがデジタルデータのリストを用意しておかなければ、何かあったときに家族は各種サービスを解約できません。

残された家族が負債に苦しまないためにも、この機会にデジタルデータの片づけ・整理をしましょう。

この片づけ・整理が終わったらチェック⬇ □

確認するべきデジタルデータのチェックリスト

- □ スマートフォンに保存してある写真・動画・音楽
- □ スマートフォンに保存してあるメール
- □ インターネット回線の契約情報
- □ ウェブサイト上の会員登録情報
- □ SNSの登録情報
- □ ネット銀行・ネット証券の口座情報
- □ クラウド上のデータ

わからないことがあったら家族や契約しているキャリアの相談窓口を頼りましょう

片づけに困るもの①

遺品整理屋でも片づけに困るもの

早めに捨てればため込まずにすむ

遺品整理をしていて片づけに困るものはもいくつかあります。

まず、床下収納から出てくることが多い自家製の梅干しやらっきょうです。大量につくって忘れられることも多いので、食べるために漬けるとしても少量で小瓶に入れましょう。床下収納は存在を忘れやすいので、この機会に片づけましょう。

スプレー缶は危険物なので注意が必要です。使い切らないヘアスプレーをたくさん持っている女性はかなりいます。また、いつか使えると考えてガスコンロのボンベ缶を保管している人も多いのですが、使用期限があるので長く保管しても結局は使えません。残っているスプレー缶は、火事や爆発のもと。ため込むのは厳禁です。**風通しのいい**

屋外でまず使い切ります。捨てる際は、自治体指定のルールに従って処分しましょう。

部屋の掃除をしているとよく見つかるライターも、火事の原因になります。私たちはハンマーでたたき壊しますが、爆発する危険があるので布を巻きます。

金庫も片づけに困るものです。燃えないようにコンクリブロックが入っているためかなり重く、大型の場合は専門業者でないと運び出せません。

お金や時計、貴金属を保管するケースもあるでしょうが、家の権利書のような重要書類でも**再発行は可能**です。いまどき、それほど必要ありません。

この片づけ・整理が終わったらチェック➡□

遺品整理で処分しづらいものと処分の方法

もの	処分の準備	処分方法
ライター	レバーを下げ、着火していない状態で、テープで固定し、火の気のない風通しのよい屋外で1日置いておく	透明な袋に包んで「キケン」と書き、自治体指定のルールに従う
スプレー缶 コンロのボンベ缶	可能な範囲で使いきり、ガスが出ないことを確認	透明な袋に包んで「キケン」と書き、自治体指定のルールに従う
金庫	鍵や暗証番号を用意する	専門業者へ委託

片づけに困るもの ②

やめてしまった趣味のものはどうする？

収集したものは新たなチャレンジの原資にする

写真を楽しむ人はカメラのほかに撮影した作品が何千枚とあったりします。油絵ならキャンバスや絵具類を使いますし、ゴルフやテニスも道具とウェアが必要です。

やめてしまっても、大切な思い出とともにとっておきたいと感じるのは、自然なことです。でも、ものが増えていくばかりで、処分するきっかけを失っている人はたくさんいます。まず、体験型の趣味のものは、やめてしまったら捨てましょう。ゴルフクラブやテニスラケットなどは、その趣味を続けている人に譲ると喜ばれます。

次に、写真や絵画などの作品については、よりすぐって部屋に飾りましょう。スペースが限られていますので、飾られない作品は処分します。

そして使わなくなった道具は処分して、必要になればまた購入しましょう。道具をふたたび買うほどの熱意がなければ、趣味としてはもう終わっています。

もっとも厄介なのが、収集する趣味のものです。収集する気がなくなったら、古物商やネットオークションを利用して売ることをおすすめします。お金に変えるのがよいというわけではありません。一生懸命集めたものを、**未経験の何かにチャレンジする原資**にするのです。

ひとつの趣味を一生楽しむのは素敵なことですが、より多くの趣味を楽しむことも、同じくらい素敵だと私は思います。

この片づけ・整理が終わったらチェック⬇
□

売るところいろいろ

道具	売れる場所	値段相場
ゴルフクラブセット	ゴルフ用具買取店、スポーツ用品買取店、ネットオークション、フリマアプリ	10,000 ～ 30,000円
テニスラケット	スポーツ用品買取店、ネットオークション、フリマアプリ	3,000 ～ 15,000円
カメラ	カメラ買取店、ネットオークション、フリマアプリ	2,000 ～ 15,000円
絵具セット	ネットオークション、フリマアプリ	500 ～ 10,000円
釣り道具（ルアーなど）	釣り道具買取店、ネットオークション、フリマアプリ	500 ～ 3,000円

注意 1

うっかり処分すると困るものがある

処分前に必要かどうかチェックする

片づけをする際に注意することがあります。それは「必要なものをうっかり捨てる」ことです。いちどは経験があると思います。

対策は簡単です。捨てる際に一つひとつチェックすることです。金庫の鍵、重要書類、レンタル品などを捨てたら困りますよね。必ず捨てる前に確認しましょう。家の中には、思っているよりもレンタルしているものがあります。左のページの表にまとめましたので、使わないものは早めに返却しましょう。

意外に思うかもしれませんが、リモコンを捨ててしまう人も多いです。リモコンだけを捨ててしまって、エアコンが使えなくなるケースもよくあります。忘れっぽいと自覚しているなら、何のリモコンかわかるように、ラベリングしましょう。

一時的に保管する必要がある書類などは、**処分する日付をラベリング**するといいですね。手紙や請求書、重要書類のお知らせ、住所録なども、どさくさにまぎれて捨てることが多いので、紙類を捨てる際には必ず目を通しましょう。

引越しなど短期間で大量に処分をする必要があるときは要注意です。**時間に限りがあると、焦りすぎてなんでも捨ててしまいます。**

いちどに片づけをする必要がないように、1日10分でかまいませんので、今日から片づけを始めましょう。

レンタルしている可能性があるもの

□ ルーター	□ エアコン
□ DVD	□ ウォーターサーバー
□ 杖	□ 照明器具
□ 緊急通報機器	□ 宅配BOX
□ ケーブルテレビのチューナー	□ 図書館の本

注意2

子や孫、家族と片づけるときの注意点

感謝を忘れずに、作業の優先順位をつける

片づけ・整理すべきものの量が多い場合に、子どもに手伝ってもらうことがあるかもしれません。たしかに作業をひとりで抱え込まないほうがよいのですが、何も準備をせずに作業を始めると、捨てるものと残すものでもめたり、知らないあいだに重要なものがなくなったりと、トラブルが起こります。あなたのためにわざわざ時間をつくってもらうことを前提として準備し、作業の一部をお願いする姿勢でのぞみましょう。

その場合の注意点はふたつです。家族であっても意のままに動いてくれる便利な存在ではありません。指示のもとで動いてもらうために、感謝の気持ちを伝えましょう。

もうひとつは、「あれやっといて」と任せるのではなく、あらかじめ何をお願いする

のかを決めておくこと。たとえば、捨てるものを選んでおいて、ゴミ袋に入れたり解体してもらうなどが理想的です。

手伝ってもらいたいことに優先順位をつけて、箇条書きでメモしておくとトラブルが起こりません。

また、処分の判断に迷うものについて相談する場合は、事前に伝えておき、その場で聞かないようにしましょう。

子どもが使っていたものは、本人に判断してもらうのもいいでしょう。「使わないなら捨てようと思うけど、いい？」と聞けば、その場で結論を出してもらえます。親が子どものために取っていたのに、子ども本人は覚えていないこともありえます。

家族に片づけ・整理をお願いする際のチェックリスト

- □ 玄関や廊下などの動線をあらかじめ整理しているか
- □ 自分で捨てられるものをあらかじめ捨てているか
- □ 感謝の気持ちを伝えているか
- □ あらかじめ何をお願するかを決めているか
- □ 手伝ってもらうことに優先順位をつけているか

「とりあえず手伝って」と、なんとなく来てもらうのはやめましょう。最低限の準備をすれば、作業はスムーズに進みます

知ってておきたい片づけ・整理のこと❷

整理・収納の便利アイテムは不要

部屋の片づけを進めていくと、便利に見えるアイテムが気になることでしょう。ちょっとしたすき間家具、流しや洗面台の下専用の収納棚、ハンガーポール……。100円ショップでは積み重ねられるラックやトレー、小さな箱やカゴなど、さまざまな収納アイテムが山のように売られています。

でも、これらのアイテムを買うのは少し考えてからにしましょう。買っても使わないことがあるからです。ほかにも、使っていても収めるべき必要量をオーバーしていたり、どこに何があるかを忘れたりすることが多いです。

ものを処分してスペースができたのに、そこに何かを置いたら、結局はもとに戻ってしまうのです。

パート3

人生が楽しくなる！片づけ・整理後の暮らし方

暮らしのコツ①

リバウンドを防ぐものものもらい方

ものではなく気持ちを受けとる

家全体でなくても、気になっている場所の片づけが終わると、スッキリした気分になります。この経験を積み重ねていけば、部屋中が必ずきれいに片づきます。ここでは念には念を、ではありませんが、リバウンドを防ぐために必要な考え方を紹介します。いわば、考え方の片づけ・整理です。

生活をしていくなかで、だれかにものをもらうことは多いと思います。家にものを増やしたくないからといって、露骨に嫌そうな表情をするわけにはいきませんよね。ではどうするか、よくあるもらいものから3つの例を紹介します。

①カタログギフトは「経験」を選択する

乗馬やダイビングなど、人生でまだ経験したことがないことにチャレンジしましょう。日帰り温泉も、存分に楽しめます。

②記念品やお土産は期間限定と考える

もらったその瞬間がありがたいのであり、渡したほうもずっと使ってほしいとまでは思っていません。次の季節になったら、ありがとうの気持ちを再度確認して、処分しましょう。

③年賀状はあいさつ状と考える

家族構成が変わった、住所が変わったというあいさつ状です。何年もとっておく必要はありません。手紙についても相手の気持ちをしっかり受け止めたら、処分しましょう。

もらいものの対処法

もの	対処法
カタログギフト	乗馬・ダイビングなどの「経験」を選択する
お土産・記念品	もらったときに感謝をし、季節の変わり目に処分する
年賀状・手紙	相手のあいさつの内容を受け止めたら、処分する

暮らしのコツ ②

部屋を片づけると電気代を節約できる

ものを減らせば、冷房・暖房のコストが下がる

ものを減らすと、思いもよらないメリットが生まれます。それは、昨今、みなさんが気にしている電気代を節約できることです。

ものが劣化・腐敗すると熱が発生することはご存じでしょうか。たとえば、家電や木、スチール製品などは経年劣化で熱を持ちます。また、飲みきっていないペットボトルは部屋に放置されていると、気温上昇に伴い、中の液体の温度も上がっていきます。その結果、夏場では夜になっても室温が下がらず、熱中症のリスクが高まります。冬の場合はものが冷気を吸い込んで冷えることで、室内が寒くなります。

また、ものがあると室温が変化するだけでなく、エアコンの**空気の通り道を遮《さえぎ》ってし**

まい、冷房・暖房効率が下がります。

暖房の設定温度を1℃上げるだけで電力消費量は約10％増え、冷房の場合は1℃下げると、約13％も電力消費量は増えると見込まれています。

電力消費量が10％変われば、電気代を節約できます。空気の通り道を確保するために、大きい棚を処分すれば、新しいものを置ける場所がなくなり、ムダなものを買わずにすみます。さらに節約が見込まれるでしょう。

ものを処分することが、室温の維持と、電気代の節約につながります。なにより、風通りがよく、室温が快適ならば、家に来た知人はきっと喜んでくれます。

ものが多いと空気の通り道をふさがれ、
室温が上がります

置いているだけで、室温が
上がってしまいます

暮らしのコツ
3

身近な人のために部屋を整頓する

第三者が家に入る可能性を考えておく

自分の家の中や部屋をどのようにしつらえようが、その人の自由です。しかし、家族と住んでいても、ひとりで暮らしていても、急な入院の際には、だれかに頼んで身の回りのものを病院に持ってきてもらうことになります。

高齢になってひとりで暮らしていて、担当のケアマネージャーがいる場合は、生存確認や困りごとの対応、通院時の付き添いをしてくれることもあります。入院する際は、必要な荷物を取りに行ってくれるかもしれません。

いずれにせよ、このときほど片づけ・整理の大切さを感じることはないでしょう。

洗面道具は洗面所に、下着類はタンスになど、ものが**セオリーどおりにきちんと収納**

されているなら、他人でもすぐに探しあてることができます。

ところが、散らかっていたりものが多すぎたりすると、本人以外は保管場所がわからず、買うはめになったり、愛用品を見つけられなかったりします。

部屋が整頓されていれば、荷物を取りに行った家族、ケアマネージャーは助かります。それだけでなく、「私の家も片づけよう」となるかもしれません。

あなたが元気でなくなったとき、気持ちよく手助けしてもらえるように、整頓された部屋を維持しましょう。そのためにも、下の表にあるものは、すぐ見つけられる場所に片づけておきましょう。

入院の際に最低限必要となるもの

□ 筆記用具	□ タオル
□ 携帯電話	□ パジャマ
□ 充電コード	□ 杖
□ 下着	□ 身分証
□ 歯ブラシ	

どういうジャンルのものがどのあたりにあるかわかるだけでも、第三者が見つけやすくなります

暮らしのコツ④

「あと回し」「欲張り」「未練」をやめる

習慣化した行動を変え、リバウンドを防ぐ

ものを捨てられずため込みやすい人は、あと回しタイプ、欲張りタイプ、未練タイプの3つに分かれています。

あと回しタイプは、文字どおり片づけや整理になかなか着手しない人です。「帰宅してすぐに座り込む」「ゴミをとりあえず机の上に置いている」など、行動をすぐ起こさないのが特徴です。

欲張りタイプは、自分が損をするか得をするかを重要視する人です。得をする方向へ行動が振り切れていきます。外食するときは、「○○が食べたい」ではなく「クーポンがある」「安い」という理由で店を選びます。安いガソリンを入れるためにガソリン代

をかけて遠くまで給油に行ったり、10円安い卵を買うためにスーパーのはしごをする人もこのタイプです。安さを追い求めるあまり、お金より大切な時間を使っていることに気づいていません。

未練タイプは、どんなにボロボロで使えなくなったものでも、高額だったり、思い出があったりするだけで捨てられません。価値が下がっているにもかかわらずです。

考え方は、これまでと正反対にしましょう。「すぐやる」「損得を選択基準にしない」「思い出を捨て、いまに目を向ける」だけです。この3つのポイントを守れば、整理された部屋がリバウンドすることはありません。

ものをため込みやすい3タイプ

タイプ	行動の特徴
あと回しタイプ	・帰宅後すぐに座り込む ・「あとでまとめて片づける」がログセ ・ゴミをとりあえず机の上に置いている
欲張りタイプ	・10円安い卵を買いに遠くのスーパーにいく ・無料のものは、ついついたくさんもらってしまう ・クーポンを大量に保管している
未練タイプ	・買ったときに高価だったものは捨てられない ・目上の人からもらったものをすべて保管している ・旅行先でもらったパンフレットなどを捨てられない

暮らしのコツ 5

ふるまいでわかる家の散らかり具合

「もしもアイテム」であふれていないか？

他人の家の中や部屋の様子は実際に見てみないとわかりません。しかし、外観やその人のふるまいは、家の中をうかがい知るヒントになります。

たとえば、外から見て障子が破れっぱなし、庭の植木（鉢）が枯れっぱなしの場合、「家が死んでいる」可能性があります。そこにあるというだけで活用されておらず、命が芽吹いていないのです。家の中も推して知るべし、整えられているとは思えません。

庭などの外観だけきれいにしているという人もいますが、たいていは庭や駐車場に不要なものが置いてあります。雨が降る予報もない晴れの日に傘を持ち歩いている人、胃薬を持ち歩く人は、部屋にもさまざまな「もしもアイテム」があふれている可能性があります。

身なりがきちんとして一見華やかな人も部屋が片づいていないかもしれません。洋服、靴、かばん、アクセサリーや小物などをそろえて着飾った人に、「筆記用具を貸して」とたずねてみましょう。かばんからなかなか取り出せなければ、部屋が散らかっていると思われます。

必要なものだけを持ち、それを大切にしていけば、毎日が充実していきます。**ものを大切にする心は、あなたの外見ではなく、内面を華やかにします。**豪華な服などで華やかさをアピールするのではなく、内面が魅力的だと思われるようなふるまいをしましょう。

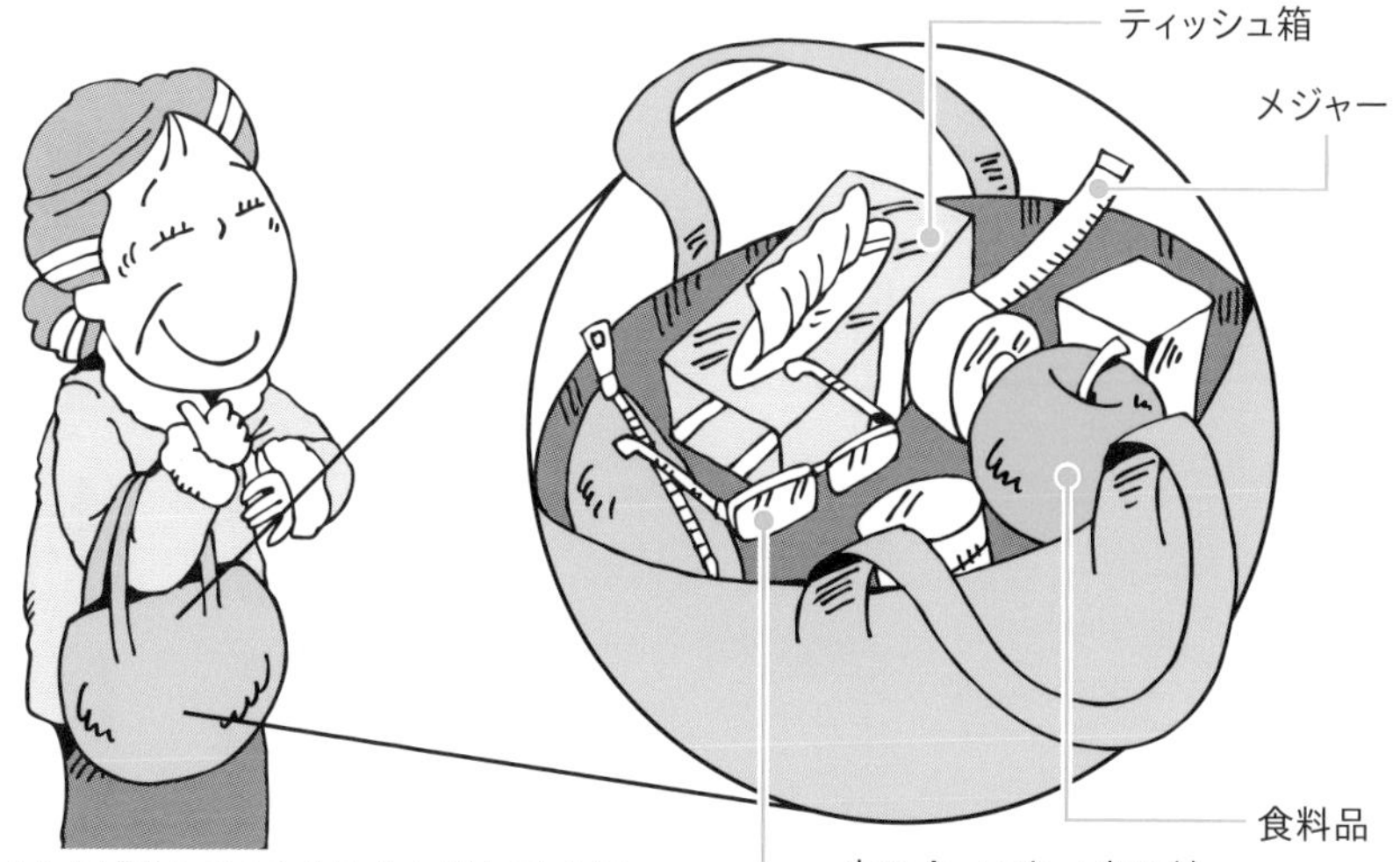
ティッシュ箱
メジャー
食料品
度の合ってない老眼鏡

かばんに「もしもアイテム」がある人は
部屋が散らかっているかもしれません

暮らしのコツ
6

部屋の秩序を守れば尊敬される人になる

秩序がない家は食料があちこちから出てくる

遺品整理をしている私たちがもっともだらしない部屋だと感じるのは、いたるところから食料が出てくるケースです。

ものがあふれるのは収納場所が定まっていないのが原因ですが、食料品は本来、冷蔵庫やキッチンの近くにあるべきもののはずです。キッチンは生ごみ、プラスチック、鍋などの鉄製品、調味料などの液体のものなどゴミの種類が多く、包丁のような危険物もあれば、腐るものやにおうものもあります。

リビングで使うテレビのリモコンを、寝室に持ってくる人もいます。だれかが急に遊びに来た際に、時間をかけてリモコンを探したくはないですよね。

食料があちこちに散らばっている、食べ残している、ひどいときには風呂場で生ものが見つかるケースもあります。私は、規則性や秩序が存在しない家を、これまで多数見てきました。

部屋の秩序を守るコツは、**キッチンで調理して、食べものはダイニングテーブルで食べる、これだけです**。簡単に思えるこのコツを守れていない人は、世の中にはたくさんいます。

そのため、秩序がある部屋を維持しているだけで、たくさんの人から尊敬されることになります。胸を張って人を呼べるような人になりましょう。

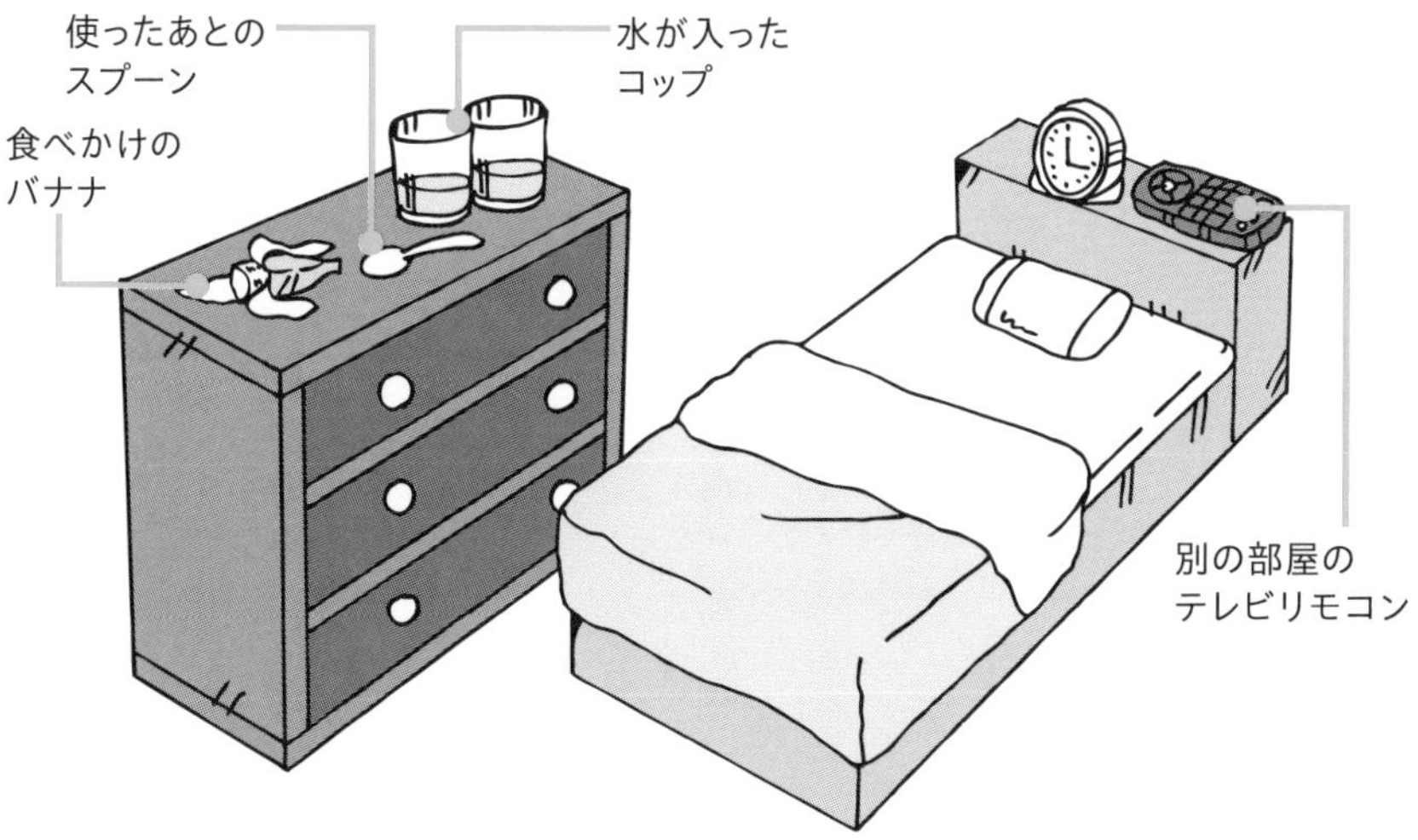
使ったあとの
スプーン
水が入った
コップ
食べかけの
バナナ
別の部屋の
テレビリモコン

食べもの・飲みものは、気づいたらカビが生えてしまい不衛生です

暮らしのコツ 7

「安い」「手軽」「便利」を手放して環境を守る

考えなしに買うと企業はものをつくり続ける

地球の環境破壊はだれしもよくないと考えています。しかし、そう考えている人の部屋で環境破壊が起こっています。

私たちは「あの人が持っている」「安い」「手軽」「便利」といった理由で不要なものも買っています。買ったものを最後まで使い切らない、買ったのにいちども使わないことがあると思います。安い製品、便利な製品は、外国の子どもたちが無理やり働かされてつくられたものかもしれません。

あなたが、なにも考えずにものを買うと、企業は需要があると思うため、安い商品を大量に生産します。その結果、地球上でゴミの量が増えて、環境がどんどん壊されていくのです。

　ものを大量にもっていると、一つひとつを雑に扱いがちです。ここから先の人生は、**品質のよいものをしっかり選び、大事に使いましょう。**

　ものを粗末に扱う人は落ち着きがなく、家にも、家族にも、そして自分自身に対しても、乱雑な態度をとりがちになります。ものに真剣に向き合う人は、何に対しても真剣に向き合うことができる人です。

　環境のためにも、あなたのためにも、ひとつのものを大切にする生き方へとシフトチェンジしませんか。きっと、あなたの人生にもよい変化が起こります。

安い商品と環境破壊の悪循環

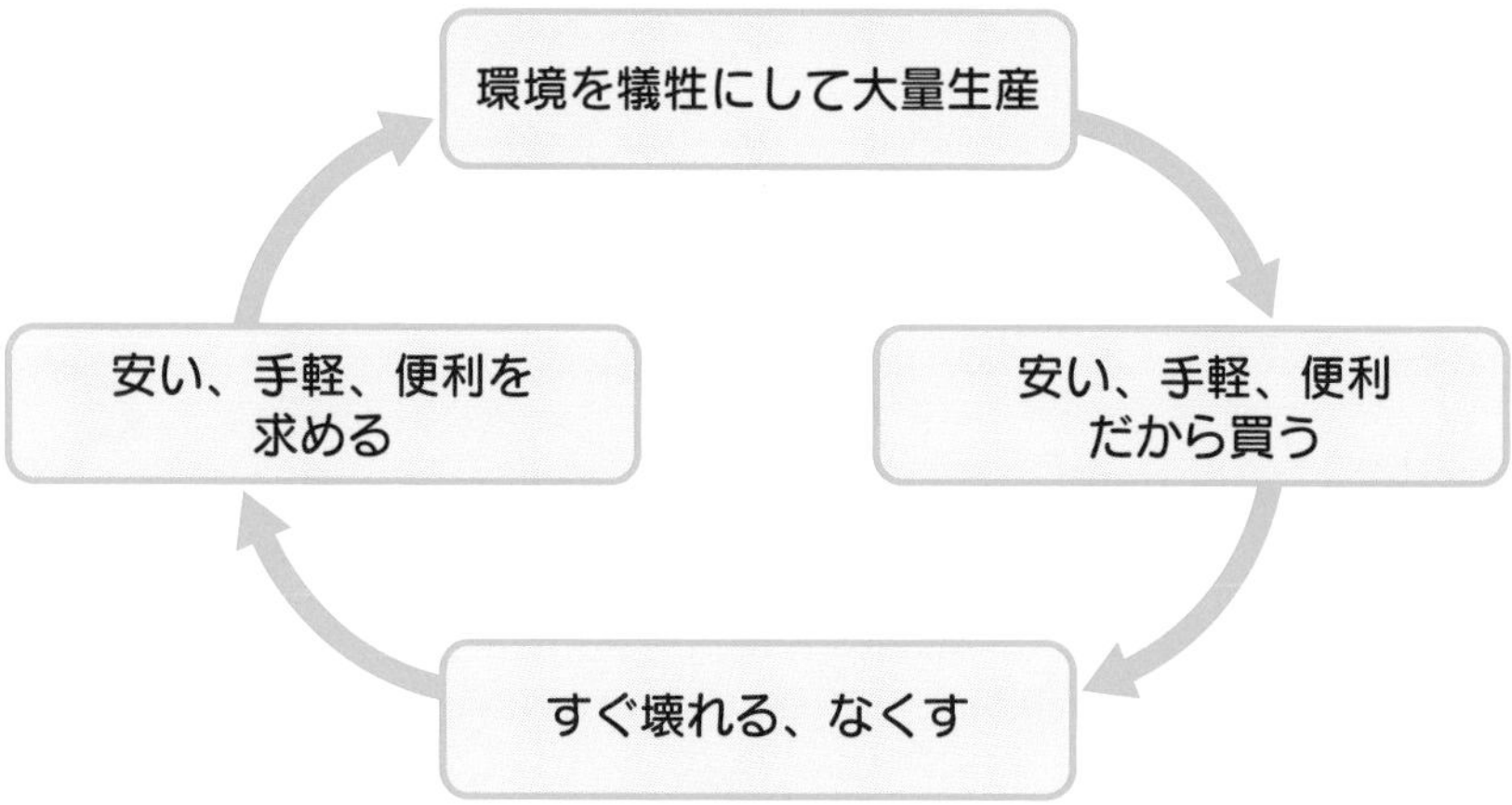
環境を犠牲にして大量生産
安い、手軽、便利だから買う
すぐ壊れる、なくす
安い、手軽、便利を求める

暮らしのコツ ⑧

ゴミ出しルールを再確認しよう

ルールはだれかと一緒に確認する

家の片づけや整理を進めていくと、粗大ゴミや不燃ゴミなどがたくさん出ます。自治体が作成している分別カレンダーやホームページを閲覧しても、判断に迷うことがあるでしょう。

基本的に、ゴミの分別や捨て方に迷ったら役所などに問い合わせると確実ですが、その際は本人だけでなく、だれかと一緒にルールを確認すると、安心して捨てられるようになります。

自治体によってルールが異なる代表的な品目は、中に鉄粉が使われている**使い捨てカイロ**です。確認しておきましょう。

ゴミ出しがおっくうになる理由としてよくあるのは、働く時間が不規則で時間どおりに出せない、ゴミ集積所まで遠くて出しに行けない、かつて近所の人などにゴミ出しに関して注意された、などです。

時間どおりに出せない、集積所が遠くて出せないときは、思い切って家族に助けを求めましょう。

あなたがコツコツと部屋の片づけをしていれば、協力してくれるでしょう。そのゴミを放置したら、あなたの死後にその家族が捨てることになるからです。

最後に、近所の人に注意されるのと、死後に家族に恨まれるのと、どちらがいやですか？　答えは簡単です。

使い捨てのカイロの分別の種類

❶ 燃えるゴミ
可燃
❷ 燃えないゴミ
不燃
❸ 金属ゴミ
金属

あなたの自治体は
どれかな？

暮らしのコツ 9

子や孫が喜ぶ部屋をつくる

あふれるものが子どもや孫を遠ざけている

子どもや孫がなぜか遊びに来てくれないと愚痴をこぼす人がいます。「仕事が忙しい」「子どもの勉強や部活がある」などと聞いていても、もしかしたらほかに理由があるかもしれません。あなたがそれほど気にしていない家や部屋の状態が、子どもや孫を遠ざけている可能性があるのです。

ズバリ申し上げると、汚い・におう、足の踏み場がない、狭い、ものが多くて危険なために、孫に「おじいちゃん、おばあちゃんの家には入りたくない」と思う子どもはたくさんいます。息子や娘は、片づいていない部屋を目にしたくない、片づけのことでもめたくないといった、もう少し複雑な理由で距離を置くこともありえます。

子どもは親の価値観を引き継いで部屋を形成していきますが、親を反面教師にして片づけ上手になる人もいます。「汚いから嫌だ!」と言われるのならまだマシです。気を遣われるようになったら、孫の顔をじかに見られる機会は確実に減ると考えてよいでしょう。

対策は簡単です。ものを捨てるだけで、家に来た子や孫は喜びます。おそらくですが、子どもの部屋や孫の部屋も、同じようにに片づいていません。せっかくあなたに会いに来たのであれば、広い空間でリラックスしたいはずです。

ものを捨てて、**人が喜ぶような空間のゆとり**をつくりましょう。

人形が汚れていたら、子どもは喜びません

暮らしのコツ 10

不便と遠慮のなさが長生きの秘訣

施設に入ると体が弱りやすくなる

市街地から離れた山奥で、野菜などをつくったりしながら、元気に暮らしている人を紹介するテレビ番組がブームです。腰が曲がっているおばあさんが、山菜採りや水くみのために、ひょいひょいと道をのぼっていく姿を見て、あなたはどう思いますか? スイッチひとつで入浴できる私たちとはちがい、お風呂に入るのも薪割りから……。不便ですよね。

でも、そうやって暮らす人のたくましさに驚かされます。**少し不便なほうが体を動かすことにもつながる**のはまちがいありません。

一方施設に入居している人のなかには、いたれり尽くせりの生活のためにかえって筋力が落ち、早くに亡くなる場合があると聞きます。職員の世話になることが多く、遠慮があって直接言いにくいので、陰口をいう人もいるそうです。

そう考えると、親子のように「うるさい」などとハッキリ文句を言える関係性は、へんなストレスをためなくてすむのかもしれません。

喧嘩は漢字で「口で華やかに宣言する」と表記されます。親子ならば、おたがいが華やかに宣言しあえばいいと思います。

不便を楽しみながら、遠慮なく会話をする。つまり、自然体です。健康で長生きをするためのいちばんの秘訣です。

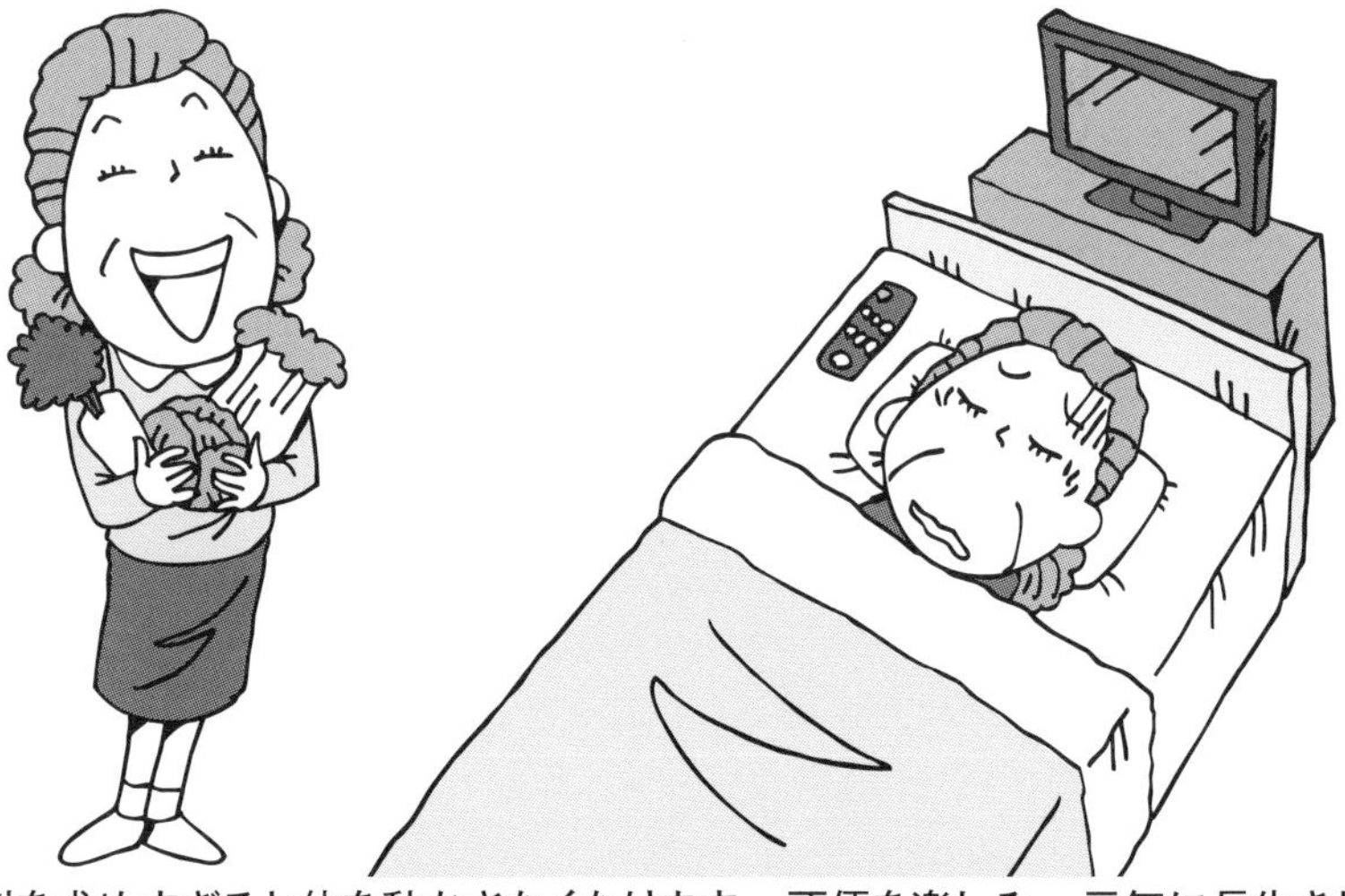

便利を求めすぎると体を動かさなくなります。不便を楽しみ、元気に長生きしましょう

暮らしのコツ 11

すぐに使わないものは一生必要ない

使わないものに年間数万円？

買ったものを箱から出さない、レジ袋に入れっぱなし、洋服を買ったことすら忘れてタグをつけたまま放置している人は意外に多いです。はっきり言います。買ってきてすぐに使わないものは、あなたにとって必要ありません。

すぐに使わないものといえば、寒くなったら着ようと思って買ったインナー、使い捨てカイロ、レトルト食品、キャンプ用品、殺虫剤などがあり、数えたらキリがないと思います。食べものを残して捨てるのはれっきとした食品ロスであり、もはやムダづかいという生やさしい言葉ではすまされません。

これを年間に換算すると、**数万〜十数万円**にも達すると思います。図は60歳以上の単身世帯の平均生活費です。世帯の構成人数などによって変動しますが、これをベースに計算しましょう。日用品費がこれらの金額を上回るようなら、何かムダづかいをしている可能性があります。

　使わないものに年間で何万円もかける生活を続けていれば、整理整頓をしたところで生活用品は増える一方です。片づけのペースは追いつかないでしょう。すぐに使わなくていいのなら、なくても困ることはないはずです。

　各種サブスクリプションや定期購読の雑誌など、使っていないものは消耗品以外にもあるでしょう。**点検して総額を計算して**みることをおすすめします。

60歳以上の単身世帯の平均生活費

項目	平均費用(月)
食　費	38,913円
光熱費	14,959円
日用品	6,291円
医療費	8,285円
通信費	6,436円
交際費	17,328円
被服費	3,697円
娯楽費	15,558円

「家計調査(家計収支編)」(総務省統計局／2022年)をもとに作成

暮らしのコツ 12

形見ではなく思い出を人に託す

形見で残された人を悩ませてはいけない

遺品整理の作業をしているとき、形見分けのシーンに立ち会うことがあります。残された人たちはたいてい、形見をどう選べばよいのか迷って悩みます。

あなたの部屋に所有物がたくさんありすぎると、持っていくものを選べず、すべて不要なものとして認識するでしょう。というのも、残された人たちの部屋に、あなたが残した膨大な持ちものは入りきらず、持ち込むことがほぼできないからです。

財産を含めた形見分けは、死んでからでは遅いといえます。持ちものを与えられても、死んだあとは思い出の品であること以外では、うれしさも価値も減ってしまいます。

そんなことより、あなたの遺品整理のために多くの時間とお金を費やさなければならず、迷惑だと感じます。これほど、悲しいことはありませんよね。あなたが死んだあとに形見をもらっても、受け取った人はあなたに直接「ありがとう」を言えないため、困るのです。

生きているあいだに思い出を語りながら形見を与えていたら、喜んでくれたかもしれません。

また、形見を与えるのは死後であっても、**ものに対する思い出を話しておけば、**残された人たちも、あなたの意をくみとって形見を受けとり、遺品整理に取り組めます。思い出を話すことはすばらしいことです。整理された家に人を呼んで、実践してみましょう。

片づける家族はどれが形見として大切なのかわかりません

新習慣
1

毎日の掃除が心の煩悩を洗い流す

掃除をすることで自分の心をみがき、清める

お坊さんは、お寺の境内やお堂の中などをいつも掃除をしています。仏教、とくに禅の世界では、お経を読むだけでなく掃除や入浴など毎日の行動を規則正しく、心を込めて行なうことを重視しています。彼らは日常生活のすべてを修行としてとらえ、心身を清めているのです。

お坊さんたちは、ものごとに心を煩わせることがないように、また、あらゆることに執着しないように自分を律しています。つねに身軽でいられるように必要最低限のものだけを持ち、ぜいたくを慎み、ものを使い捨てにしません。

観光地になるような有名なお寺を思い浮かべると納得していただけると思いますが、

掃除が行き届き、整然とした雰囲気が漂っています。ものが大切に扱われ、収めるべき場所に置かれているからです。

掃除をするとき、お坊さんは静かに集中しています。**無心の掃除は心のくもりや煩悩も洗い流す**といわれています。この点は見習いたいところです。

かといって「すみずみまでピカピカにしなければ」と思うとプレッシャーがかかります。

掃除や片づけは引き出しひとつだけ、部屋の一角だけといった狭い範囲から始めてみましょう。きっとあなたの心はみがかれ、清められると思います。

掃除が行き届いているお寺の空気は清々しく感じられます

新習慣
②

雑巾がけで丈夫な足腰をつくる

ハッカ油入りの水ぶきで虫よけ・除菌・消臭に

ここまで、片づけ・整理においてものを減らす方法を紹介してきました。日々の掃除については洗って何回も使える雑巾があればじゅうぶんです。ウェットティッシュは不要です。家族構成や家事をする時間、コロナ禍といった事情に左右されるため絶対とは言いませんが、雑巾のほうが環境によいのはまちがいありません。

ひとりの人間が一生のうちに使うトイレットペーパーだけで大木が6本必要といわれています。ティッシュペーパーやキッチンペーパーなどを含めれば、さらに大量の木が失われ、環境を壊すことになります。

私の経験上、病気になる人、早死にする人、体が衰えている人は雑巾を持っていないことが多く、ペーパー類ですませているようです。逆に、雑巾を使っている人は部屋がきれいに保たれており、**足腰の丈夫な人が多い**印象があります。

病気や体力低下のためにペーパー類を使っているのか、ペーパー類を使っているから体力がなくなるのか、どちらが先かは明確ではありません。しかし、体が動くうちは、ゴミを出さない雑巾を掃除に取り入れてみましょう。

雑巾を使うときに活用したいのが、ドラッグストアなどで売っている**ハッカ油**です。化学物質が使われている洗剤などに比べ、使う量も少なくてすみます。下に使い方を紹介します。

ハッカ油を使った掃除の方法

掃除場所	トイレ、シンク、浴室
材料	水100mL、クエン酸小さじ1杯、ハッカ2~3滴
やり方	材料をすべてスプレーボトルに入れ、よく振って汚れた場所に吹きつけたあと、雑巾などで拭き取る。
効能	水あかを落とす・消臭・虫よけ

掃除場所	キッチンの壁、コンロ回り
材料	水100mL、重曹小さじ1杯、ハッカ1~2滴
やり方	材料をすべてスプレーボトルに入れ、よく振って汚れた場所に吹きつけたあと、雑巾などで拭き取る。
効能	油汚れを落とす・除菌・虫よけ

※注意①　猫をはじめとする動物にとって、ハッカは猛毒になりえます。ペットを飼っている場合は使うのをやめましょう。
※注意②　使用する際は、皮膚に触れないようにしましょう。

新習慣 ③

本当に必要なもの以外を手放していく

施設にもっていけるものは少ない

老人ホームなどの施設に入居するとき、部屋に持ち込めるものは本当にわずかです。入院する際に必要な身の回りのもの＋αというのが、わかりやすいかもしれません。

もちろん、施設によって異なりますし、本人の自立度によっても変わってくるため、一概にはいえません。自立者向けの住宅型有料老人ホームはマンションのワンルームに近い専用居室タイプとなり、浴室、トイレ、洗面台、キッチンなども備えつけられています。

一方、介護が必要な方向けの介護付き有料老人ホームは、トイレと洗面台はあるものの、危険防止のために、比較的小さくまとまっている居室です。それまで暮らしていた家や居室よりもおそらく狭くなります。

施設のタイプや広さ、金額によって持ち込める荷物量や種類は本当にまちまちで、テレビなどは音量の問題で持ち込み不可の場合もあります。洗濯はたいてい業者のサービス代行が入っています。シーツ類、トイレットペーパー、おむつなどは自前で用意する場合もあります。

つまり、老人ホームに入ることを考えているなら、下の表であげたもの以外は処分しければならないということです。「不要なものを処分する」というより「**本当に必要なもの以外は手放す**」という意識を持ちましょう。

施設入居の際に持っていくものの例

種類	内容
書類	健康保険証の原本、介護保険証のコピー 過去3カ月以内の健康診断書 身体障害者手帳
日用品類など	衣類（普段着、外出着、ストールやひざかけ、下着、靴下、パジャマ）、はきもの（室内用、外出用）、タオル・ペーパー類（バスタオル、フェイスタオル）、プラスチック製の食器類（お茶碗、皿、箸、スプーン、フォーク）、洗面用具一式（歯ブラシ、歯みがき粉、コップ、石けん、ひげそり、爪切り、耳かき、綿棒）、調理用具（キッチンがある場合）、本、常備薬、メガネ、入れ歯、床ズレ防止アイテム（マットレスやシート）など

新習慣④

帰宅後の3分で部屋をきれいに保つ

帰宅後すぐ座り込むから散らかる

片づけたのにまた部屋が散らかるという人にぜひお伝えしたいのは、帰宅後すぐに座り込まないということです。

私も自分で実践しており、娘にも「**帰宅したらまずカバンを所定の位置に置き、手洗い・うがいする、着替えをして、洗濯ものをかごに入れる、ここまで3分あればじゅうぶんにできる**」と口をすっぱくして言っています。

部屋が散らかっている人は、家に帰るとまずそのへんにカバンをほうり出し、座り込んでテレビをつけます。もちろん靴も脱ぎっぱなしにしてそろえませんし、上着もテーブルに置いたままです。こうした行動が積み重なって、散らかった部屋になっていきます。とりあえず置きっぱなしにした「なれの果て」なのです。疲れて帰ってきて、早くくつろぎたいのはよくわかります。しかし、3分だけ我慢して、帰宅後に一連の動きをすばやくこなしたほうが心もスッキリするはずです。

帰宅後に、私が娘に言っている行動ができるようになると、ものはつねに所定の位置に収まり、ものを探す時間が減るのです。

ただ、一気に全部やるのは大変です。せめて、買い物から帰ったときだけは、買ったものを冷蔵庫や棚に収納してからくつろぎましょう。ものがなければ、災害などが起こったときもスムーズに避難できるので、命を守ることにもなります。

帰宅後にするべきことリスト

- □ 靴をそろえて脱ぐ
- □ カバンを所定の位置に置く
- □ 手洗い・うがいをする
- □ 着替えたあと、脱いだ服を洗濯かごに入れる

新習慣 5

お金や時間は人生経験に使う

経験を知恵・アドバイスに練り上げる

みなさんの親は、あなたに何を残してくれたでしょうか？（ご健在のみなさま、すいません！） 戦前を生き抜いてきた世代は、さまざまな体験をしました。土地や家などの資産もあるとは思いますが、それよりも、体験からくる多くの知恵やアドバイスを残してくれたはずです。

若いころに「ただの昔話」「過去の栄光自慢だ」と聞き流していたことも、自分が歳を重ねていくうちに、生きるヒントになったことがひとつやふたつはあるでしょう。

ひるがえって、あなたは子や孫に何を残すことができるでしょうか？ 古びたブランドもののバッグでしょうか？ 趣味に合うかどうかわからない車でしょうか？

あなたが残すべきものは、やはり体験からくる知恵やアドバイスなのです。

先に「ものよりも経験が重要」と述べたのは、自分のためだけではありません。できるだけ多くの経験を積み、心に残った何かを、子や孫の将来に役立つオリジナルのメソッドへと練り上げて、伝えていきましょう。それこそが、新しい生きがいとなるのです。

いまの時代にすぐ役立つことは多くないかもしれません。が、あなたがそうであったように、人生の先輩の言葉はどこかに残ります。その言葉に説得力を持たせるためには、「立つ鳥後を濁さず」ではありませんが、家をきれいに保ってほしいのです。

若者のためにも、素敵な経験を語れる人になりましょう

新習慣
6

家が旅館のようならばみんながくつろげる

古くても、おもてなしの心でカバーする

ものがあふれ、片づいていない家に子や孫が寄りつかなくなることは、先に説明しました。ここでは、逆に子や孫が喜んで帰省したくなる家のつくり方を紹介します。

遠方で暮らす子や孫にとって、帰省は旅行とほぼ同義です。つまり、実家（祖父母の家）とは、もはや家ではなく旅館のようなものです。そうすると、あなたが目指すべき家づくりの方向性は、名湯で知られる伝統的な温泉宿です。

その旅館の部屋は広々としていて、テーブルの上にはお茶椀とお茶菓子、ポットしかありません。余計なものが何もなく、心の底からリラックスできるはずです。顧客（子や孫）の満足度が上がります。

外出しても、用事が終われば早く帰宅してお茶でも飲みたくなるでしょう。一緒にすごせる時間が増えますね。

温泉宿ですからお風呂は欠かせません。といっても最新設備を整える必要などありません。脱衣所を含めて、スッキリした清潔感があればじゅうぶんです。

そのほかに準備しておきたいのは、**わかりやすい動線、清潔なトイレ、汚れていない食器、整備された庭**です。本書を読んでこられたみなさんには、なんの心配もありませんね。

家や部屋の広さは関係ありません。みんながリラックスしてくつろげる、素敵な家づくりを楽しんでみませんか。

温泉宿を目指すためのチェックリスト

- □ 玄関・廊下・階段の動線にものがなく歩きやすい
- □ 脱衣所・浴室がスッキリしている
- □ トイレにはものがなく、清潔を保っている
- □ 食器はきれいで、必要な数だけが置いてある
- □ 庭・ベランダが整備されている

なによりも、あなたがいちばんリラックスできます

おわりに

片づけて後悔した人はいない

片づけや整理の本は、これまでに山ほど刊行されています。どの本にも、著者オリジナルのノウハウがあふれんばかりにちりばめられていますよね。でも、私が生前整理・遺品整理を依頼された家やマンションに行くと、片づけ・整理の本を目にします。実際には、そこに片づいていない部屋があるのです。

私がこの本でお伝えしていることは、これまでの片づけ・整理の本のノウハウとは明確に異なります。

「安い」「便利」「効率」といったキーワードをたびたび否定し、真反対のことをしつこいくらいにおすすめしています。また、1日10分の片づけ・整理もおすすめしています。

戸建てにしろ、マンションにしろ、家を片づけるのに1日10分で何ができるのかと思うかもしれません。一気にやる必要はないと最初に述べていますが、続けていくなかで意識が変わり、気負ったり、苦痛を感じたりしなくなることを実感し、片づけ・整理を習慣にしてほしいからです。

実際の生前整理・遺品整理の仕事では、この本に書かれていることをほぼ全部、数日で終わらせるケースが多いです。片づいた部屋を見た依頼者は、目を輝かせて「ありがとうございます」「満足です」と前向きになります。片づけを後悔する人など、私はこれまでにひとりも見たことがありません。

みなさんは自分の手で家を片づけ・整理するわけですから、やりがいをもって取り組めるよう、私の経験や技術を総動員しました。少なくとも、継続するモチベーションの火を、みなさんの心に点火したつもりです。

人生最後の片づけ・整理が、うまくいくことを願っています。

上東　丙唆祥

■著者紹介
上東 丙唆祥（じょうとう・ひさよし）
生前整理・遺品整理アドバイザー、一般社団法人日本遺品整理協会理事。25年にわたり遺品整理や孤独死特殊清掃業務を行なっており、その件数は4万を超える。テレビ・ラジオ出演、講演、雑誌掲載などの実績多数。著書に『親の家をどう片づける－本当に残すべきものと後悔しない整理法』（実業之日本社）、『はじめての相続＋遺品整理』（水王舎、共著）がある。

■スタッフ
編集・構成／造事務所
カバーデザイン／吉永昌生
本文デザイン／山口竜太（造事務所）
イラスト／田中斉
執筆協力／東野由美子

人生最後の片づけ・整理を始める本

発行日　2023年4月22日　初版第1刷発行
　　　　2024年4月12日　初版第3刷発行

著　者　上東丙唆祥
発行人　須永礼
発行所　株式会社メディアパル
〒162-8710
東京都新宿区東五軒町6-24
TEL. 03-5261-1171　FAX. 03-3235-4645

印刷・製本　中央精版印刷株式会社

ISBN978-4-8021-1074-7 C0077